FICHA CATALOGRÁFICA

(Preparada na Editora)

Frungilo Júnior, Wilson, 1949-

F963u       Um dia e uma noite : o amanhã começa hoje / Wilson Frungilo Júnior. Araras, SP, IDE, 1ª edição, 2015.

192 p.

ISBN 978-85-7341-666-4

1. Romance 2. Espiritismo. I. Título.

CDD-869.935
-133.9

Índices para catálogo sistemático:
1. Romance: Século 21: Literatura brasileira 869.935
2. Espiritismo 133.9

# "O AMANHÃ COMEÇA HOJE"

ISBN 978-85-7341-666-4

1ª edição - julho/2015

Copyright © 2015,
Instituto de Difusão Espírita - IDE

Conselho Editorial:
*Hércio Marcos Cintra Arantes*
*Doralice Scanavini Volk*
*Wilson Frungilo Júnior*

Projeto Editorial:
*Jairo Lorenzeti*

Revisão de texto:
*Mariana Frungilo*

Capa:
*César França de Oliveira*

Diagramação:
*Maria Isabel Estéfano Rissi*

INSTITUTO DE DIFUSÃO ESPÍRITA - IDE
Av. Otto Barreto, 1067 - Cx. Postal 110
CEP 13600-970 - Araras/SP - Brasil
Fone (19) 3543-2400
CNPJ 44.220.101/0001-43
Inscrição Estadual 182.010.405.118
www.ideeditora.com.br
editorial@ideeditora.com.br

*Todos os direitos reservados. Nenhuma parte desta publicação pode ser reproduzida, armazenada ou transmitida, total ou parcialmente, por quaisquer métodos ou processos, sem autorização do detentor do copyright.*

ide

*coleção*
# UM DIA E UMA NOITE

WILSON FRUNGILO JR.

## "O AMANHÃ COMEÇA HOJE"

*Romance Espírita*

# SUMÁRIO

1
O CONVITE, *9*

2
UM DIA E UMA NOITE, *21*

3
O FURTO, *33*

4
NA SORVETERIA, *47*

5
A PRISÃO, *69*

6
A FUGA, *77*

7
MAGDA E NARINHA, *87*

8
ESCLARECIMENTOS, *93*

9
CONVERSA COM NARINHA, *103*

10
EFEITO FÍSICO, *111*

11
LÁPIS E PAPEL, *119*

12
MEDIUNIDADE, *125*

13
CARTA PARA A MÃE, *133*

14
A ESCOLHA DE CADA UM, *143*

15
O REENCONTRO, *151*

16
O ACORDO, *161*

17
O TELEFONEMA, *171*

18
FINAL, *179*

# 1
## o CONVITE

— Narinha insiste em falar com a senhora, doutora.

A médica que gratuitamente atendia, uma vez por semana, as crianças que, em período integral, frequentavam aquela instituição religiosa e filantrópica de ensino, sorriu ao ouvir o nome da menina de oito anos de idade.

Com trinta e dois anos, Magda, médica pediatra, era uma linda moça, porte elegante, cabelos castanho-claros até os ombros, grande desenvoltura para se expressar, e com muitos pretendentes, mas que ainda não encontrara o eleito de seus sonhos, apesar de ter tido alguns relacionamentos, que pouco tempo duraram, talvez até pelo fato de sua grande dedicação à Medicina, com pouco tempo para o lazer e passeios.

Apesar de seu empenho ao trabalho, possuía enorme desejo de ter filhos, pois não fora por acaso que escolhera essa especialização. Detinha enorme amor e interesse pelas crianças, principalmente às mais carentes, que estudavam nessa instituição espírita, num bairro afastado do centro da cidade.

Os medicamentos, as empresas de seu pai patrocinavam, junto a diversas farmácias daquela região, bastando que as mães levassem uma receita, que deveria estar assinada por Magda, além de enumerada e já liberada através de um *site* próprio.

Magda, assim que chegava à instituição, era abraçada com muito carinho pelos alunos, que percebiam nela uma alma generosa e curadora de seus problemas físicos. Ela se transformara na solução de seus problemas, desde uma simples dor de cabeça ou outros males, até pela maneira doce com que os examinava e, acima de tudo, por dar-lhes atenção e palavras de carinho.

A odontologista Raquel também lá dedicava muitas horas daquele dia da semana para lhes tratar os dentes e, principalmente, passar-lhes noções dos cuidados necessários da higiene bucal.

Raquel era sua amiga desde a infância e, confidentes, praticamente decidiam juntas as melhores soluções ou, pelo menos, as mais corretas para os diversos problemas do dia a dia, fossem eles profissionais ou dos sentimentos e aspirações da vida.

A única diferença entre elas era que, enquanto Raquel tinha uma índole mais recatada, mais circunspecta, Magda era mais expansiva, sorridente, e sua alegria interior era facilmente notada em seu olhar.

Extremamente justa e franca, sabia expor suas opiniões, utilizando-se do linguajar próprio dos que, ao conversarem, denotam imensa vontade de ouvir e, se fosse o caso, de mudarem suas ideias, na constante procura do que seria mais verdadeiro e justo.

E Magda, sem atinar bem com o porquê, detinha especial carinho àquela menina que, havia apenas dois anos, perdera a mãe, vítima de um acidente cardiovascular repentino.

Na época em que a mãe de Narinha falecera, ainda não prestava serviço voluntário nessa instituição, pois começara esse trabalho havia apenas oito meses.

Sabia que a garotinha morava com o pai num bairro próximo dali e que a pequena o adorava, tendo sempre algo para narrar a respeito dele, dos passeios que faziam, das brincadeiras, e era muito feliz, agora já bastante recuperada da perda da mãe. Inclusive, a Diretora da escola levara ao seu conhecimento que a menina chegava a impressionar por sua inteligência, tendo em vista a facilidade com que aprendia as matérias.

Quando Magda começou a atender nessa instituição, a menina ainda trazia muitos resquícios de saudade e falta da mãe, na maneira como se comportava, sempre retraída, introspectiva mesmo, solitária, pouco se relacionando com as outras crianças.

Mas a partir do momento em que começou a ser atendida por Magda, iniciou-se na menina uma enorme transformação, fato que não passou despercebido pelos professores e até mesmo pela médica, que não negava a simpatia e o carinho que tinha por ela. Pelas outras alunas, ficara sabendo que o sorriso de Narinha somente era visto no momento em que o pai vinha buscá-la, abraçando-a com muita atenção e alegria. Também assim se comportava quando ela a atendia no consultório da instituição.

– Onde ela está, Lurdes? – perguntou Magda, que já estava se preparando para sair, pois já havia atendido algumas crianças. Normalmente, nos dias em que ia até a escola, mesmo não havendo nenhuma necessidade, fazia questão de conversar com dois ou três alunos, num atendimento preventivo, no qual não somente os examinava, como lhes dava conselhos quanto aos bons hábitos de higiene.

– Ela está aí na antessala e ainda tem quinze minutos de intervalo para recreação.

– Pois, por favor, mande-a entrar.

Lurdes, a inspetora de alunos, abriu a porta e chamou a menina que, imediatamente, entrou toda sorridente, indo abraçar Magda. Era uma garotinha miúda, muito bonita e meiga, cabelos escuros, curtos e encaracolados, olhar vivo e de grande expressividade.

– Bom dia, Narinha. Dona Lurdes disse que deseja falar comigo. Está sentindo alguma coisa, alguma dor?

– Não, senhora. Eu queria...

E a menina interrompeu a sua fala, olhando para a inspetora que ali permanecera.

– É segredo, Narinha? – perguntou Lurdes.

– É... – respondeu, meio constrangida.

– Está bem, vou deixá-las a sós, mas não tome muito tempo da doutora. Ela tem de voltar para o seu consultório.

– Pode deixar, Lurdes. Eu administrarei o tempo dela – disse Magda, sorrindo.

Assim que a mulher deixou a sala, a médica ficou à espera do que a menina tinha para lhe dizer, e Narinha, meio sem jeito, parecendo não estar tendo muita coragem para falar, sentou-se numa maca, subindo por pequena escada ao lado do móvel, ficando com as pernas balançando.

– E, então, minha princesa? Pode falar.

A menina olhou para as próprias mãozinhas, cruzando-as, típico gesto de nervosismo.

– Fale, filha.

– Filha...?

– É... Maneira de dizer.

Narinha sorriu de leve e perguntou:

– Posso me sentar no seu colo?

– No meu colo...? Pode... Venha cá.

Então, a garotinha rapidamente aninhou-se à doutora, encostando sua cabecinha em seu ombro, o que a fez emocionar-se, ao perceber a necessidade do carinho materno de que ela carecia.

Com certeza, esse gesto tinha sido provocado por tê-la chamado de "filha". Acariciou-lhe os cabelos e perguntou:

– O que você quer falar, princesa?

– É que... nós... nas aulas de trabalhos manuais, estamos fazendo o presente para o Dia das Mães e... é muito bonito... a senhora precisava ver... é... Não posso falar agora, vai ser surpresa para as mães...

Magda sentiu forte aperto no coração ao ouvir as palavras daquela aluna, por quem possuía muito carinho. Nunca havia pensado no que uma criança órfã sentiria no momento em que suas coleguinhas de classe começassem a fazer esse tipo de presente.

– E, então...? – perguntou, com a voz já embargada e fazendo o possível para conter insistente lágrima a lhe brotar de um dos olhos, enquanto o outro se marejava.

"Não posso chorar" – pensou. – "Preciso disfarçar e ficar firme".

– Então... é que eu gostaria de participar também. No ano passado, eu não vim na festinha porque, a senhora sabe, eu não tenho mãe... quer dizer... não tenho na minha casa... porque... ela foi para o Céu. Minha professora conversou comigo, dizendo que eu poderia trazer o meu pai ou outra pessoa no lugar dela, mas eu preferi não vir, achando que papai fosse ficar chateado no meio de tantas mães.

E os olhos de Narinha se encheram de lágrimas e Magda não conseguiu mais conter as próprias, enxugando-as rapidamente com um dos punhos do jaleco branco. Tossiu para disfarçar e perguntou:

— E o que pretende fazer, princesa?

— Este ano, eu tive uma ideia e papai concordou. Eu gostaria que a senhora fosse a minha mãe nesse dia. Eu ficaria muito feliz em lhe dar o presente que estou fazendo na aula. Acho que minha mãe Eunice iria ficar também, lá no Céu. A senhora poderia ser minha mãe nesse dia?

Magda abraçou-a com muito carinho e, olhando nos seus olhinhos, perguntou-lhe:

— Não seria melhor se você convidasse uma tia sua, ou uma de suas vovós?

— Eu não tenho nenhuma tia. Papai é filho único e mamãe só tem um irmão. Meus avós, do lado do papai, já morreram.

— E da parte de sua mamãe?

— Eles estão vivos, mas moram em outra cidade, um pouco longe daqui. Eles têm uma fazenda muito bonita e só irei visitá-los com papai no Natal. Acho que seria um pouco complicado minha avó vir até aqui só para isso e a festa já vai ser na semana que vem.

– Bem, nesse caso, eu ficarei muito feliz em representar sua mamãe Eunice e tenho certeza de que ela também ficará.

– Que bom! – exclamou a menina, descendo do colo da doutora. – Vou correndo contar para minhas amigas.

– Vá, sim, mas antes quero um beijo bem gostoso.

NARINHA BEIJOU-LHE O ROSTO e saiu da sala apressadamente. Logo em seguida, Lurdes entrou.

– A doutora está chorando? – perguntou.

Magda balançou os ombros e, sorrindo, respondeu:

– De emoção, Lurdes. De emoção.

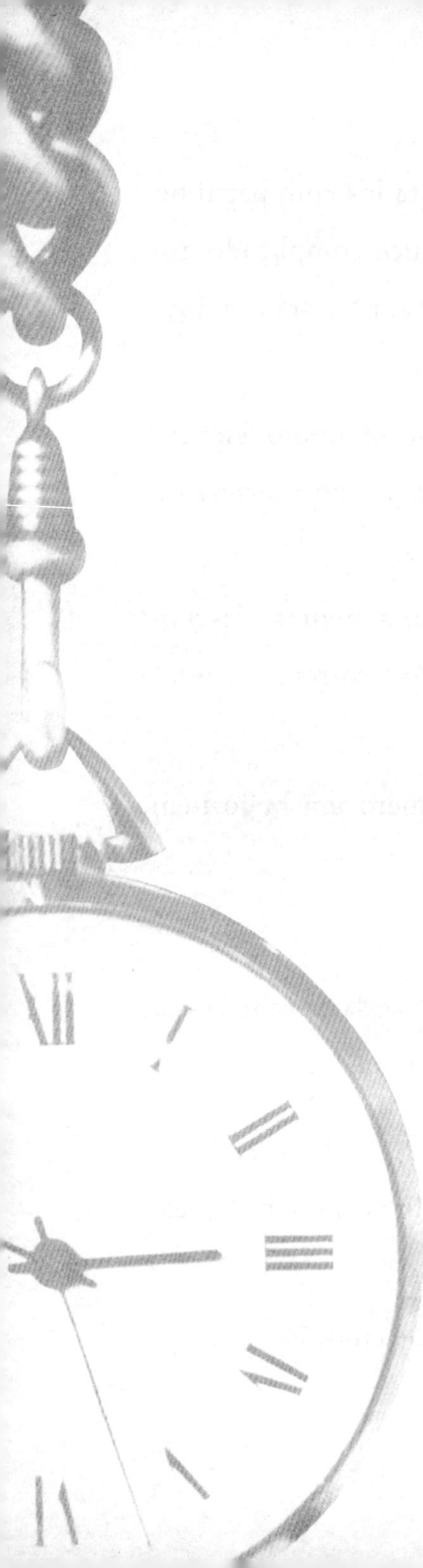

## 2
## um DIA e uma NOITE

ERA UMA SEXTA-FEIRA, IMEDIATA-mente anterior ao domingo que seria o Dia das Mães, e a quadra do colégio se encontrava lotada pelos alunos e por suas mães.

Magda se sentara ao lado de Narinha, assim como as outras mães, junto aos filhos. Os pais que puderam ir até o colégio permaneciam nos degraus da pequena arquibancada de alvenaria.

As crianças procuravam-nos com os olhos e, assim que os viam, acenavam contentes.

– Doutora Magda – chamou a menina, com grande alegria estampada no rosto –, quero dizer, mamãe Magda... pelo menos, hoje, não? Veja! Meu papai está lá em cima! – e acenou com a mão.

Magda olhou na direção para a qual a menina acenava, mas não conseguia descobrir qual dos homens, dentre os que ali estavam, poderia ser o pai de Narinha, pois todos se encontravam acenando.

– Qual deles é o seu pai, Narinha?

– Aquele lá, de camisa amarela xadrez, calça jeans. Está vendo? Bem ao lado daquele extintor de incêndios.

A moça firmou o olhar e pôde ver o rapaz, aparentando possuir trinta e poucos anos e dono de um largo e envolvente sorriso que endereçava tanto para a filha quanto, pelo menos era o que parecia, para ela.

– Ele está acenando para a senhora. Acene para ele.

– Mas eu nem o conheço.

– Não tem importância. É o meu pai, e, hoje, a senhora é minha mãe. De mentirinha, mas...

– Está bem – concordou Magda, acenando para o pai que, percebendo, acenou com mais vigor.

– BOA TARDE A TODOS OS presentes. Boa tarde às crianças, às suas mães e aos pais que aqui puderam vir. Como diretora deste colégio, dou por aberta esta tarde festiva em homenagem a todas aquelas que cuidam de nós com todo carinho e desprendimento, às quais chamamos de mãe. E, para iniciar, peço à professora Elza que comece a anunciar as apresentações infantis.

E, assim, alunas, previamente ensaiadas, realizaram as homenagens através de danças, coral e até de uma pequena peça teatral, numa festa de muita alegria para as mães e principalmente para as crianças, que vibravam com cada apresentação e batiam muitas palmas, da mesma forma aplaudidas quando participavam de algum quadro artístico.

– E AGORA O GRANDE MOMENTO – anunciou a diretora. – Assim que começar a tocar, através dos alto-falantes, a música dedicada às mães, cada criança entregará para sua mãe o presente que elas mesmas confeccionaram com muito carinho durante as aulas.

E suave e emocionante música, entoada por famoso coral, invadiu o ambiente e os alunos passaram a entregar o presente que já traziam consigo.

Narinha, muito feliz, entregou o seu para Magda, beijando-lhe o rosto.

– Para a senhora, hoje, minha mãe, um presente que é também para a minha mãe verdadeira que está no Céu.

E seus olhos novamente se umedeceram, o mesmo ocorrendo com a médica.

– Muito obrigada, Narinha. Tenho certeza absoluta de que sua mamãe está nos vendo neste momento – disse Magda, beijando a menina no rosto e abraçando-a.

– A senhora não vai abrir o presente? Mamãe vai ficar muito contente, lá no Céu.

– Oh, sim – respondeu, começando a retirar o papel que o envolvia.

A menina ficou a observá-la, extasiada de alegria. Seu pensamento ia do rosto da médica à imagem da própria mãe, que ainda guardava na memória, eternizada pela lembrança de uma das fotos que possuía.

– Meu Deus, como é lindo! Foi você quem o fez? – perguntou ao ver um porta-retratos feito de papelão reciclado, pintado pela própria menina e com uma pequena rosa de plástico em um de seus cantos. Não possuía vidro, apenas uma foto. – Esta linda mulher é sua mãe, Narinha? – perguntou ainda, olhando a foto em que o pai e a mãe abraçavam a menina.

– Mamãe e papai! Minha mamãe se chama Eunice, e papai, Dalton.

Realmente, a mãe da menina era muito bonita e, assim como seu pai, estampava largo e marcante sorriso de alegria, bem como a menina. Uma foto que bem representava a alegria familiar.

– Muito bonita mesmo a sua mãe! – tornou a dizer Magda, apesar de ter o olhar mais atraído para o rosto de Dalton, o pai de Narinha. Rapaz ainda, de forte expressão, daquelas que dá para facilmente perceber uma pessoa de bem com a vida.

– Mamãe era muito bonita, assim como a senhora, hoje, minha mãe.

Magda sorriu ao perceber que a menina repetia sempre "hoje, minha mãe".

– Papai também é muito bonito, não é?

– Sim, sim. Seu pai também é muito bonito – respondeu, procurando localizá-lo no mesmo lugar onde o vira antes, sentindo inexplicável desapontamento ao verificar que ele não mais se encontrava lá no alto da arquibancada.

– Papai! – exclamou Narinha, fazendo com que Magda voltasse o olhar para ela e ficasse surpresa ao ver que o pai já se encontrava ao lado da menina, abraçando-a. Com certeza, pensou, ele viera pelo outro lado.

– E, então, minha princesa? Está contente? – perguntou Dalton, surpreendendo Magda pelo fato de ela também tratar a menina por essa expressão. Na verdade, era a única das alunas daquele colégio que ela tratava assim.

– Estou muito contente, papai.

E, virando-se, disse, segurando com a mãozinha o braço da doutora.

27

– Esta é a doutora Magda, papai! Ela está sendo, hoje, minha mãe. Eu não lhe disse que ela é muito bonita?

– Muito bonita, sim, filha – respondeu, estendendo a mão para cumprimentar a médica. – Muito prazer em conhecê-la, doutora, e quero dizer que lhe sou muito agradecido por realizar esse desejo da Narinha, fazendo o papel de sua mãe nesta festa. Ano passado, ela ficou muito triste por não poder participar. A senhora foi muito generosa para com ela e hoje vejo muita alegria nos olhos de minha filha. Que Deus a recompense por esse ato de bondade. Narinha fala muito sobre a senhora.

– Pois saiba que também me sinto muito contente. É uma boa menina e tenho me afeiçoado muito a ela. Ela também tem falado muito a seu respeito.

– O senhor já veio me buscar, papai? Não vai mais haver aula.

– Eu ainda tenho de terminar um trabalho,

mas não vai demorar muito, e você pode vir comigo. Assim que eu terminar, iremos para casa.

Antes que a menina respondesse, Magda olhou para ela e dirigiu-se a Dalton:

– Desculpe-me, mas gostaria de lhe pedir algo.

– Pode pedir, doutora. O que quiser. Será uma ordem, não é, Narinha?

– É sim, papai.

– Bem... eu gostaria de levar sua filha para tomar um sorvete. Para comemorarmos este acontecimento.

– Deixa, papai? – perguntou a menina, entusiasmada. – Gostaria de tomar um sorvete com ela, hoje, minha mãe.

– Por mim, tudo bem, mas não irá atrapalhá-la, doutora?

– Terminei as minhas consultas mais cedo para vir à festa e, até agora, está tudo muito calmo, pelo menos, minha secretária não me ligou.

29

– E como farei para apanhá-la?

– Vamos fazer o seguinte: leve este cartão em que consta o número de meu telefone celular e, assim que o senhor estiver em casa, bastará me ligar que eu a levarei. Moram aqui perto, não? Foi o que Narinha me disse.

– Sim, e minha filha sabe ir até lá, a partir deste colégio. Eu nunca permiti que fosse sozinha para casa, mas tive a preocupação de, pelo menos, ensinar-lhe o caminho, para o caso de haver alguma necessidade.

– E eu sei o nome da rua e o número da minha casa. Também decorei o número do telefone celular do papai.

Em seguida, continuaram conversando enquanto se dirigiam até o estacionamento de veículos da escola, onde Magda, de mãos dadas com Narinha, despediu-se, dizendo expansivamente e mais à vontade:

– Até mais, então, Dalton. Gostaria de

chamá-lo somente pelo nome, se não se importa, e desde que me chame apenas por Magda. Tudo bem?

– Perfeito, Magda, até mais – respondeu o rapaz, alegremente.

– Você está a pé? – perguntou a médica ao vê-lo dirigir-se para fora do estacionamento. – Posso levá-lo até o seu trabalho.

– Muito obrigado, doutora... quero dizer, Magda... Há uma estação de metrô aqui perto. Será mais rápido por causa do trânsito. Até mais.

– Até mais.

– Tchau, papai.

31

# 3
## O FURTO

Nesse mesmo horário, no centro da cidade...

— Alô, senhora Claudete? Desculpe-me a demora para atendê-la. Eu me encontrava em outra sala... Como vai? E seu Antônio? Há tempos não os vejo. Algum problema que eu possa resolver?

– Tudo bem, Doutor Lacerda... quer dizer... quase. É que fui roubada e gostaria de ir até a Delegacia, conversar com o senhor.

Doutor Lacerda era um delegado de polícia e a Delegacia situava-se a poucas quadras do suntuoso prédio de apartamentos onde residia a senhora Claudete, em sua cobertura.

– Roubada? Poderia entrar em maiores detalhes?

– Um anel de grande valor, não só material como, e principalmente, sentimental, foi-me roubado.

– A senhora tem certeza disso? Quero dizer, sobre o roubo?

– Tenho, Doutor Lacerda, e até tenho um forte suspeito.

– E quando isso aconteceu?

– Hoje, pela manhã.

– Pois, então, vamos fazer o seguinte, dona Claudete, até mesmo porque, este ambiente não é muito apropriado para a senhora: eu irei até sua residência, a senhora me relata o que aconteceu e, talvez, possamos resolver tudo sem a necessidade de muitas formalidades. E gostaria de ir agora mesmo, pois, se a senhora já possui algum suspeito, o tempo é de suma importância.

– Tudo bem, Doutor Lacerda. Ficarei aguardando-o e comunicarei a sua chegada à recepção do prédio.

– Serei bastante discreto para não chamar a atenção dos moradores com o veículo da Delegacia. E levarei Oliveira, um de meus investigadores mais eficientes.

– Eu agradeço por sua atenção e preocupação.

– Já estou indo para aí.

A SENHORA CLAUDETE ocupava todo um andar dúplex em nobre rua da capital do Estado. Seu marido Antônio, rico empresário na área têxtil, desdobrava-se em atenções com a esposa e a presenteara com aquele valioso anel no dia em que completaram trinta e cinco anos de casados.

Ela, com cinquenta e oito, e ele, sessenta e um anos de idade, não aparentavam a idade que possuíam, dedicados que eram a atividades físicas e a uma saudável alimentação, programada por uma nutricionista de inteira confiança que, diariamente, administrava a alimentação junto a excelente cozinheira.

Eram perto de onze horas da manhã quando o delegado entrou no apartamento de dona Claudete, juntamente com o investigador.

– Muito obrigada por terem vindo, Doutor Lacerda.

– Este é Oliveira, o investigador.

– Queiram sentar-se, por favor. Desejam tomar algo?

– Agradecemos muito, mas penso que não temos tempo a perder. Por favor, dona Claudete, narre o que aconteceu, e gostaria que realmente estivéssemos a salvo dos ouvidos de algum serviçal.

– Podemos falar tranquilamente, Doutor Lacerda. Ninguém nos ouvirá.

– Pois bem. Conte-nos, então, o que aconteceu.

– O que ocorreu foi que eu e Antônio resolvemos colocar mais um armário em nosso *closet* e contratamos uma empresa para confeccioná-lo. Eles vieram aqui, tomaram todas as medidas, escolhemos a madeira, enfim, encomendamos o armário. Depois de pouco mais de um mês, ele ficou pronto, e marcamos o dia em que um marceneiro, contratado por eles, viria montá-lo no lugar. O senhor sabe, um armário desse tamanho é montado no próprio local.

– Sei, sim, dona Claudete. Conforme o tamanho, ele não passaria pelas portas.

– Isso mesmo. Então, há dois dias, veio um rapaz para fazer o serviço e eu o deixei à vontade no meu quarto, tendo o devido cuidado de trancar todos os outros armários. Quando ele ia embora, eu destrancava as portas dos que eu necessitava abrir, para apanhar alguma roupa ou qualquer outra coisa que necessitasse naquele momento. Mas, de manhã, antes de ele chegar, eu trancava tudo novamente. Não que eu estivesse desconfiando dele, mas até por uma precaução a favor dele mesmo. O senhor entende, não? Afinal de contas, eu nunca o tinha visto e não o conhecia. Até pareceu-me um bom rapaz...

– Compreendo perfeitamente, dona Claudete, e a senhora fez muito bem em tomar essa providência.

– Bem, ele terminou o serviço hoje, por volta de umas onze horas, e apenas ficou faltando colocar uma peça de uma das dobradiças que não veio junto com as demais. Então, ele ficou de me trazer essa peça hoje à tarde. Perdoem-me se estou sendo muito detalhista...

– Muito pelo contrário – disse o Delegado –,

a polícia necessita mesmo é dos detalhes. Continue, por favor.

– E o que aconteceu foi o seguinte: ontem à noite, quando retornei de um restaurante, onde eu e meu marido fomos jantar, tirei o anel do dedo e o coloquei na gaveta de uma penteadeira que tenho no quarto.

– Seu quarto fica no andar de cima?

– Sim. Querem subir até lá?

– Foi de lá que sumiu o seu anel, não?

– Isso mesmo.

– Gostaria de ver o local, dona Claudete.

Já no quarto...

– Esta é a penteadeira? – perguntou o Delegado.

– Sim.

– E ela não estava trancada?

– Vou lhe contar. Quando ele foi embora, prometendo retornar à tarde para trazer a peça da dobradiça... venham ver.

E dona Claudete os fez entrar pela porta do *closet* para lhes mostrar o novo armário, voltando ao quarto em seguida.

— Como eu estava dizendo, assim que ele se foi, eu gentilmente o acompanhei até a saída e, retornando para cá, vi que a chave desta gaveta da cômoda se encontrava nela e percebi, então, que eu, distraidamente, não a tinha trancado.

— E aí a senhora constatou que o anel não se encontrava mais na gaveta?

— Isso mesmo. E só posso imaginar que ele o tenha roubado, pois ninguém, a não ser ele e eu, entrou aqui.

— E a senhora acredita que foi esse marceneiro quem o roubou...

— Pois só pode ter sido ele, Doutor Lacerda.

— Ninguém mais entrou em seu quarto, dona Claudete, desde que a senhora se lembra de ter guardado o anel?

— Apenas minha arrumadeira, mas ela é de

minha total confiança. Ela se chama Doroty e está conosco há mais de dez anos, doze, penso eu. E nunca tranco as portas para ela.

– Alguém mais?

– Apenas eu e meu marido.

– Podemos falar com Doroty a sós?

– Podem... mas, por favor, Doutor Lacerda, não a assustem.

– Fique tranquila, senhora – afirmou o investigador –, seremos educados.

– Quer que eu a chame? Ela deve ter chegado, pois precisou sair um pouco e disse que já voltava.

– Peça para ela vir até aqui e, por favor, aguarde do lado de fora. Não nos leve a mal. É apenas nossa rotina de trabalho.

– Compreendo.

Alguns minutos se passaram, e a arrumadeira entrou no quarto.

– Senhora Doroty? – perguntou o delegado.

– Sim, senhor...

– Preciso lhe fazer algumas perguntas.

– Pois não. Dona Claudete me pediu que eu lhe respondesse o que o senhor me perguntasse.

– Muito bom. Diga-me uma coisa, Doroty: a senhora arrumou este quarto hoje de manhã?

– Arrumei, sim, senhor, quer dizer, apenas tirei o pó e arrumei a cama. Havia um rapaz terminando de montar um novo armário no *closet*.

– E a senhora notou que esta gaveta da penteadeira estava com a chave?

– Não, senhor. Dona Claudete também já fez essa pergunta para mim, antes do almoço.

– O senhor Antônio almoçou em casa hoje?

– Não, senhor. Não é todos os dias que ele almoça em casa. Na verdade, são poucas as vezes que ele faz isso.

O delegado, então, demonstrando-se satisfeito, com um leve menear positivo de cabeça, perguntou-lhe, apontando-lhe a penteadeira:

– E esta gaveta? A senhora a abriu ontem, depois que sua patroa chegou do jantar? Ela nos disse que foi a um restaurante com seu Antônio.

– Eu não estava aqui ontem à noite, senhor. Não durmo aqui. Na verdade, vou-me embora por volta das dezenove horas.

– A senhora conhecia o rapaz que fez a montagem do armário?

– Não, senhor. Nunca o tinha visto antes.

– Muito obrigado, senhora Doroty. Pode retirar-se.

– Com licença.

Após pequeno intervalo de tempo, desde que Doroty saiu do quarto, dona Claudete retornou.

– E agora, Doutor Lacerda? O que o senhor irá fazer? Quais as próximas providências?

– Bem... por enquanto, não temos provas contra o rapaz, afinal de contas, para a lei, seria a palavra dele contra a da senhora. O que poderemos fazer, por enquanto, é registrar a queixa e tentar um mandado de busca e apreensão na residência dele, apesar de que, neste momento, com certeza ele deve ter escondido o produto do furto, se realmente o furtou..

– E como prestar queixa?

– A senhora teria de ir até a delegacia para prestá-la. Será um pouco constrangedor, mas terá de ser feito lá, junto ao escrivão de polícia.

– E quanto mais cedo melhor, não?

– Com certeza, dona Claudete.

– O problema é que o meu motorista particular saiu para levar nossa governanta até um local da cidade, ainda não voltaram e, após o almoço, terei um compromisso difícil de ser adiado.

– Se a senhora não se importar, poderemos levá-la e trazê-la de volta em pouco tempo. Darei prioridade à prestação da queixa para que o escrivão da polícia preencha o boletim de ocorrência que a senhora deverá assinar.

– Se não for incomodá-los, não tenho a

menor objeção de ir com os senhores, afinal de contas, onde uma senhora estaria mais bem protegida, não é?

E os três riram daquela observação

– Vejo que a senhora continua com o seu senso de humor até nos piores momentos.

– O que se pode fazer? O meu problema nem é tanto pela joia em si, apesar de que ela representa importante momento de minha vida e do meu marido, mas é que não suporto transgressões, principalmente roubos. Considero o furto, como o senhor melhor qualificou, como algo abominável e incompreensível, pois não consigo aceitar alguém tomar o que não lhe pertence.

– Podemos ir, então?

– Imediatamente.

– Gostaria de lhe perguntar mais uma coisa, dona Claudete – diz o investigador.

– Pois não...

– A senhora teria, por acaso, algum documento da compra desse anel?

– Tenho sim, senhor Oliveira. Só um momento...

Dizendo isso, Claudete dirigiu-se até outro cômodo, ao lado do quarto utilizado como escritório e, abrindo um cofre de parede, localizado por detrás de alguns livros de uma estante, de lá retirou uma pequena caixa de madeira. Abriu-a e separou, dentre vários envelopes, um em particular. Fechou novamente o cofre e retornou ao seu quarto.

– Neste envelope, estão os documentos de compra, a garantia e uma foto de vários ângulos da joia.

O investigador examinou os papéis, a foto, e os entregou ao delegado.

– Isto é muito bom, dona Claudete, principalmente a fotografia. Podemos levar conosco?

– Podem, sim.

– Então, vamos.

# 4
## na SORVETERIA

Ainda no colégio, antes de entrarem no carro de Magda...

– Com quem você fica quando seu pai vai trabalhar e não tem aula, Narinha?

– Eu fico na casa de uma vizinha, brincando com a Meire. Ela estuda na minha classe e a mãe dela é muito legal para mim.

– Que bom, Narinha. E do que vocês mais gostam de brincar?

– A Meire gosta de brincar com o computador, mas eu gosto mais de brincar com bonecas. No Natal, papai me deu uma, bem bonita. Ela bebe água e faz xixi. Tenho até fraldinhas para trocar. Também tenho um fogãozinho e uma geladeira. De brinquedo, claro.

Nesse momento, um garoto da classe de Narinha, acompanhado pela mãe, aproximou-se e disse:

– Narinha, eu vi a sua mãe.

– Você viu minha mãe?

– Vi. Ela abraçou você e a doutora Magda.

– Meu filho, eu já lhe disse para não ficar falando para as pessoas o que vê. Nem todas acreditam...

Magda olhou para a mãe do garoto, curiosa. Foi quando a mulher apressou-se em lhe explicar:

– Meu filho Orlandinho tem mediunidade de vidência e ele diz ter visto a mãe da menina.

– E onde ela está agora? – perguntou a menina.

– Ela sumiu.

– Sumiu?!

E a mãe do garoto voltou a explicar.

– O que acontece, Narinha, é que o Orlandinho vê apenas por alguns segundos e depois o Espírito desaparece.

– Espírito? Você viu o Espírito de minha mãe, Orlandinho? – perguntou a garotinha. – Mas como você sabe que era ela? Você nunca a viu.

– ELA FALOU QUE ERA SUA MÃE.

– Falou? – foi agora a vez de Magda perguntar.

– Falou. Ela estava com um vestido branco de listras verdes e usava brincos também verdes, bem redondos.

Magda, que abraçava o porta-retratos contra o próprio peito, virou-o e perguntou ao garoto:

– Era esta a mulher?

O menino olhou, sorriu, e respondeu:

– Ela mesma. Veja, ela está com o vestido e o brinco que eu falei.

– Você tinha visto a foto antes? – perguntou Magda.

– Não – respondeu Narinha –, ele nunca viu esta foto. Eu a coloquei no porta-retratos em minha casa e depois o trouxe embrulhado.

– Parabéns, Narinha – cumprimentou a mãe de Orlandinho. – Sua mãe veio vê-la. As mães estão sempre por perto.

– Minha senhora, faz tempo que o seu filho vê Espíritos? – perguntou a doutora, curiosa.

– Ele começou a ter essas visões há cerca de um ano.

– E você não tem medo, Orlandinho?

– Não, doutora. Eu só vejo Espíritos bons e é sempre tudo muito rápido.

– Nós somos espíritas, doutora. Agora, se

nos dá licença, temos de ir e, mais uma vez, parabéns, Narinha.

— Obrigada — respondeu a menina, muito contente, sendo novamente abraçada por Magda.

## Na sorveteria...

— A senhora acha mesmo que Orlandinho viu minha mamãe? No colégio, nós temos aula de religião e a professora fala sempre de Deus, de Jesus, e dos Espíritos. Ela diz que todos nós somos Espíritos e que, quando uma pessoa morre, foi só o corpo dela que morreu e que essa pessoa, que é Espírito, vai para um lugar numa outra dimensão.

— Você sabe o que é dimensão, Narinha?

— Mais ou menos. Eu já assisti a um filme, na televisão, que tinha duas dimensões, só que na história as pessoas passavam para essa outra dimensão numa máquina que um cientista inventou e, nesse lugar, essas pessoas se viam, conversavam, moravam em casas, com ruas, trabalhavam, como se estivessem aqui na Terra. E lá era mais adiantado, com aparelhos que ainda não conhecemos.

– É mais ou menos isso que a sua professora fala?

– É quase a mesma coisa, mas não tem máquina. O Espírito vai para lá quando o corpo morre. E ela disse que tem lugares mais avançados, onde os Espíritos são mais inteligentes e bons.

– E os Espíritos podem vir para cá e podem nos ver?

– Isso mesmo. Eles nos veem, mas nós, não. E que só pessoas que têm mediunidade podem vê-los, como é o caso do Orlandinho. Esse meu amigo vê por pouquinho tempo, mas ela disse que têm médiuns que veem por muito mais tempo. A senhora acredita que tem gente, que é médium, que consegue falar ou escrever o que um Espírito quer comunicar?

– Já ouvi falar, Narinha, e até acredito um pouco, sim. E agora mais ainda, já que o Orlandinho viu sua mamãe e a ouviu confirmar que era ela.

– E ainda a viu com a roupa que ela estava na fotografia, sem ter visto a foto, não é? Que bom que a senhora acredita!

– E o que mais a sua professora de religião fala? – perguntou Magda, agora interessada no assunto, até porque não imaginava que falassem sobre isso com as crianças.

– Espere aí, deixe eu arrumar este pedaço de sorvete, senão vai cair. Eles encheram muito o copinho, não? O que foi mesmo que a senhora perguntou? Eu estava distraída com o sorvete. Está muito delicioso!

Magda sorriu ao ver que a menina se encontrava muito alegre, com certeza pelo fato de ela estar ali fazendo o papel de sua mãe.

– Pode tomar seu sorvete sossegada, Narinha. Eu apenas queria saber o que mais a sua professora de religião fala para vocês.

– Isso mesmo... Uma das coisas que ela nos

ensinou é que, se existem pessoas que sofrem muito, e outras, pouco, ou quase nada, alguma razão deve ter para isso, porque Deus, que nos criou, não iria fazer umas sofrerem e outras não. Por exemplo, eu não tenho mais minha mamãe, mas a maioria das crianças tem.

Magda ficou impressionada com a inteligência das crianças de hoje em dia, na figura de Narinha, pois, para a menina, tudo parecia muito natural e também por ter assimilado tudo aquilo de uma forma bastante compreensível para uma garotinha de apenas oito anos de idade.

Pensou em lhe fazer uma pergunta, mas teve receio de colocar uma dúvida em sua cabecinha de criança. Narinha, por sua vez, a surpreendeu ao, voluntariamente, falar-lhe sobre o assunto, o qual Magda teve receio de lhe questionar.

– A senhora gostaria de saber o que a professora disse quando lhe perguntei por que a minha mamãe morreu?

"Meu Deus, essa menina fala desse assunto

com muita naturalidade" – pensou a doutora, antes de confirmar:

– Eu gostaria muito de saber, Narinha.

– Bom... Primeiro, ela me disse que eu não deveria ficar tão triste com a partida de minha mamãe porque ela iria ficar também muito triste se me visse chorando de saudade.

– Isso é verdade, minha princesa.

– E, então, ela me explicou que eu tinha de passar por tudo isso para que eu aprendesse a viver sem minha mamãe por algum tempo e que, quando meu corpo morrer, vou encontrá-la outra vez.

– Quando você morresse?

– Sim, mas que isso somente iria acontecer quando meu corpo morresse porque tinha de morrer. É por isso que ninguém pode se matar. Entende?

– Estou entendendo, sim – respondeu Magda, visivelmente impressionada com a garotinha.

Narinha permaneceu por alguns segundos

calada, saboreando o sorvete. Estavam sentadas a uma das mesas da sorveteria, local onde muitas outras pessoas também se encontravam, até que rompeu o silêncio:

– A senhora gostaria que eu lhe falasse mais sobre o que estamos aprendendo?

– Eu gostaria muito, minha princesa...

– Só que tem uma coisa.

– O que é?

– A professora disse que o que ela está nos ensinando é próprio para a nossa idade, para crianças, e que nós poderemos aprender muito mais quando crescermos.

– Eu entendo. E o seu papai? O que ele diz sobre isso que você aprende?

– Papai gosta de ler livros espíritas.

– Ele lê?

– Papai está sempre lendo quando não está trabalhando ou brincando comigo. Ele é espírita desde criança porque vovô e vovó já eram e chegou até a frequentar a mocidade espírita. Papai é muito inteligente, sabe? Ele não fez Faculdade, mas gosta de ler e estudar sobre tudo. Ele apanha livros na Biblioteca.

— Na Biblioteca?

— Ele já me levou lá. É muito grande! Papai também tem livros infantis que ganhou quando era criança e faz questão que eu leia. Eu também gosto muito de ler.

Magda se enternecia em ver a admiração que a menina tinha pelo pai.

— Papai conhece muito. Às vezes, ele é até procurado para dar explicações sobre algum assunto mais complicado, e o presidente do Centro Espírita insiste muito para que ele dê palestras, mas papai não tem muito tempo.

A médica sorriu e, entusiasmada com as palavras da criança, pediu-lhe para que continuasse:

— Que mais você poderia me ensinar, Narinha? Estou interessada em ouvi-la.

— Bem... Nós aprendemos que existem muitos lugares como a Terra, porque esse céu que enxergamos não termina até onde nós conseguimos enxergar. As estrelas... que vemos à noite... A senhora sabia que, mesmo que viajássemos por toda a nossa vida num foguete, não conseguiríamos chegar até uma estrela bem distante?

– Sei, sim.

– Então... A professora nos disse que os Espíritos ensinam que Deus não iria criar somente a Terra, e apenas os planetas de que temos conhecimento, num lugar que não tem fim. E não é verdade?

– Eu acredito nisso.

– Pode acreditar – disse a garotinha, com firmeza. – E ela ainda disse mais. Quer saber?

– Lógico que quero – respondeu Magda, encantada com a menina.

– Ela nos disse que Deus está sempre criando Espíritos e que esses mais novos, um dia, vão nascer num corpo aqui nesta Terra, assim como nós nascemos. E que esses Espíritos terão que aprender tudo o que nós já aprendemos em todas as nossas vidas.

– Em todas as nossas vidas?

– Isso mesmo... Epa! O sorvete está querendo cair deste lado também! Espere um pouco.

E Narinha tratou logo de salvar um pouco do sorvete que, derretendo, teimava em se desprender.

– Pronto... ufa!... salvei... Agora posso continuar.

– Você estava falando das várias vidas...

– Sim... A professora disse que, para que a gente possa aprender tudo o que é preciso para podermos ir morar nesses mundos melhores, uma só vida no corpo não é suficiente, porque ela é muito curta. Não é verdade? É lógico que é verdade. Se não fosse, minha mamãe não teria tido tempo para aprender tudo.

– ?

– A senhora não está conseguindo entender? Vou explicar melhor: minha mamãe pôde voltar para a outra dimensão porque já viveu muitas vidas e já não precisava viver mais tanto aqui. Talvez... só faltasse esse pouquinho de tempo. Também a professora me falou, e isso ela falou só para mim, longe das outras crianças, que mamãe, talvez, ainda precise voltar a viver aqui na Terra mais vezes para aprender o que ainda não tenha aprendido, mas que só Deus é quem sabe. De qualquer maneira, eu ainda vou me encontrar com ela, nem que eu já esteja velhinha. E mesmo que eu já esteja caduca, como a dona Vivinha, que mora perto da minha casa, quando eu chegar lá, vou voltar a entender tudo. Deus não é bom?

– Deus é muito bom, Narinha – concordou Magda, mais impressionada ainda com as suas palavras.

– Mas eu ainda não falei tudo. Acho até que a senhora pode estar perguntando por que eu precisei chorar tanto de saudade de minha mamãe.

Não é o que a senhora está pensando? Pelo menos, eu imagino...

— Eu estava pensando, sim.

— A professora me explicou que é porque eu tinha que aprender isso que eu ainda não tinha aprendido. Entendeu?

— Penso que sim, mas você poderia me explicar melhor?

— Aprendido a perder uma mamãe, só sentindo saudade, mas sem ficar chorando a toda hora, e aprendido a acreditar que mamãe não morreu e que ela estará sempre do meu lado e que até posso me encontrar com ela quando durmo.

— E você já se encontrou com ela?

— Muitas vezes. Antes de a professora me ensinar tudo isso, eu acordava chorando porque achava que era só um sonho e sentia muita saudade dela. Agora que sei que não é só um sonho, acordo contente. Quase não lembro muito bem do que sonhei, mas sei que sonhei com ela. De outras vezes, lembro que brincamos muito e que ela me deu muitos beijos e abraços.

Magda, mais uma vez, viu-se tomada de profunda emoção diante da pureza de coração da menina e da sua compreensão simples. Simples, mas de uma lógica a ser considerada, e ainda raciocinada.

– Você gostaria de tomar mais um sorvete, Narinha?

– Obrigada, doutora "hoje, minha mãe", já tomei bastante – respondeu, rindo, fazendo com que Magda também achasse graça.

– E um lanche, hein?

– Só se a senhora comer metade. Um lanche é muito para mim.

– Eu como a metade. Do que você prefere?

– Gostaria de comer um com queijo, presunto e tomate.

– Pois vamos ao lanche, então.

E a médica fez o pedido, procurando continuar a conversa sobre aquele assunto. Gostava de ouvir Narinha.

– E o que mais você pode me ensinar sobre o Espiritismo?

– Deixe-me ver... E, entrecerrando os olhos, começou a pensar, até que, poucos segundos depois, disparou:

– A senhora acredita em inferno?

– Inferno? Esse com um diabinho espetando a gente num caldeirão de água quente? – perguntou, brincando.

– É... mais ou menos...

– Não creio muito, não. Mas você tem uma explicação para isso?

– É muito simples – respondeu a garotinha, aparentando divertida esperteza. – Pelo que a professora nos ensinou, até existe algo parecido, mas isso é outra coisa que iremos aprender quando estivermos maiores. O que ela afirmou é que ninguém ficará lá para sempre.

– Não?

– Não, e quer saber por quê?

– Claro que quero saber.

– Porque Deus é nosso pai e não faria nenhum de nós sofrer para sempre. Eu vou explicar melhor. Se uma criança fizer uma coisa errada, que o papai ou a mamãe disse para não fazer, eles podem nos colocar de castigo, mas não vão deixar a gente de castigo para sempre, não é?

– Isso é verdade.

– Se Deus não fizesse assim também, o pai ou a mãe da gente seria melhor do que Deus. E isso não pode ser verdade.

– Você tem razão, Narinha.

– E a professora falou que o mais importante é a gente se arrepender de ter feito uma coisa que não devia, e não fazer mais. Que o mais importante é a gente entender que não deve deixar o papai nem a mamãe tristes, porque, senão, que graça vai ter a vida para nós e para eles...?

– Você acredita em Deus, não é, Narinha?

– Eu acredito.

– E você poderia me dizer por que acredita?

A menina olhou fixamente para Magda e lhe perguntou:

– A senhora não acredita?

– Acredito, sim, mas gostaria de saber por que você acredita. Só isso. Queria ouvir você falar.

Narinha sorriu, pensou um pouco, e disse:

– Vou lhe dar um exemplo. Um dia, nossa professora nos levou para passear numa pracinha que existe em frente da escola.

– Eu sei qual é...

– Essa pracinha tem muitas árvores, não tem?

– Tem, sim, muitas árvores e canteiros de flores.

– E quem criou as árvores e as flores que existem na Natureza? Não foi a gente. As pessoas só conseguem plantar as sementes das árvores e das flores, não é? A gente não consegue criar uma árvore do nada. E quem criou? Foi Deus.

— Você tem razão.

— A professora também cavoucou um pedacinho da terra e nos mostrou as minhocas. A senhora sabia que as minhocas são muito importantes?

— Já ouvi dizer, sim. Elas cavam túneis na terra e esses túneis deixam essa terra mais fofa, facilitando a entrada do ar, e as minhocas também comem terra e fazem um cocô que fertiliza a própria terra.

— Isso mesmo, minha "hoje, mamãe"! — vibrou a menina, contente e rindo, no que foi acompanhada por Magda, mais deslumbrada ainda com a garotinha. — E quem criou a minhoca? Foi Deus também. E por que Ele criou a minhoca?

— Para melhorar a terra — respondeu a médica.

— Deus é sábio, não? A professora disse que, há muito tempo, mas muito tempo atrás, as pessoas pensavam que minhoca só servia para pescar.

E as duas caíram na risada.

– E papai me falou que existem lugares, fazendas, que criam minhocas para trabalharem a terra.

– Já vi isso na televisão, Narinha.

– E a professora também nos falou sobre o coração.

– Sobre o coração?

– Isso. Ela disse que somente Deus poderia criar o nosso coração, que bate por muitos e muitos anos sem que a gente precise fazer alguma coisa para isso. E é ele que faz a gente viver, não?

– Muito boa essa sua professora, Narinha, e você é muito inteligente, pois soube me explicar direitinho. Agora, Narinha, gostaria que me dissesse por que me convidou para representar sua mamãe.

A menina olhou para Magda, pensou um pouco, como se estivesse escolhendo as palavras, e lhe respondeu:

– Porque quando a senhora fala comigo, eu me lembro dela.

# 5
## A PRISÃO

Defronte do prédio, os três entraram na viatura: dona Claudete no banco de trás e os dois homens na frente. O investigador foi dirigindo.

Após transitarem por apenas algumas ruas, dona Claudete exclamou:

– É ele, Doutor Lacerda! É aquele rapaz! E está saindo de uma joalheria! Será que foi vender a joia?!

– Pare a viatura, Oliveira, e vamos abordá-lo.

O investigador, então, habilmente, treinado que era, acionando dois toques na sirene, estacionou bem ao lado do rapaz que, assustando-se com o barulho, fez menção de se afastar. No mesmo instante, Oliveira e o Dr. Lacerda saltaram do carro e lhe ordenaram:

– Um momento, senhor! Queremos lhe falar. Somos da Polícia!

O moço olhou para os lados e para trás como que a procurar alguém que fosse o motivo daquela solicitação, um tanto ríspida dos policiais, até perceber que era com ele que falavam.

– Senhor, por gentileza, vire-se de frente para a parede e coloque as duas mãos sobre ela!

– O que está acontecendo?

– Trata-se apenas de uma rotina investigatória. Por favor, faça o que lhe estou pedindo.

O suspeito, então, obedecendo ao delegado, posicionou-se como solicitado.

– Temos de revistá-lo, senhor.

– Revistar-me?!

E, sem mais delongas, o investigador começou a apalpá-lo e, verificando que ele não possuía nenhuma arma, fez outra verificação numa bolsa que o marceneiro trazia consigo, encontrando, em seu interior e em bolsos laterais, apenas ferramentas e objetos pertinentes à sua profissão. Feito isso, permitiu que ele se voltasse, frente a eles, e perguntou-lhe:

– O que o senhor estava fazendo nessa joalheria?

– Estava olhando a vitrina à procura de uma pulseira para presentear...

– Mas o senhor saiu de lá de dentro.

– Como nada encontrei na vitrina, fui perguntar ao dono da loja e ele me mostrou algumas, bem como os preços. Mas nada comprei, pois pretendo comprar somente no mês que vem.

– Ou você veio vender alguma joia para ele?

– O senhor deve estar me confundindo. Eu não vendo joias.

– Eu não estou me referindo à venda de joias, mas, sim, a uma em particular. Mais precisamente um anel.

– Eu não tenho nenhum anel, senhor. Mas o que é que está acontecendo?

– Vamos entrar na loja.

E, dizendo isso, o investigador e o Delegado entraram na casa comercial, levando o rapaz com eles. Um senhor de meia-idade os atendeu.

– Pois não, senhores. Ah, o senhor resolveu voltar? – perguntou o comerciante para o marceneiro.

– Você não fala nada – ordenou o Delegado ao marceneiro.

– Em que posso lhes ser útil? – insistiu o lojista, já com receio de tratar-se de um assalto.

– Somos da polícia, senhor.

– Da polícia?

– O senhor conhece este homem?

– Não. Ele estava agora mesmo aqui procurando por uma pulseira, não é mesmo?

– Ele não estava querendo lhe vender uma joia, senhor?

– Não. Eu nem o conheço.

O delegado, já meio aborrecido com tudo aquilo, resolveu levar os dois para a delegacia, mesmo sob protesto, e, como estava com dona Claudete na viatura, chamou reforço policial, que rapidamente estacionou à frente da loja, visto estar fazendo ronda por aquelas imediações.

E os dois, acomodados no banco traseiro da segunda viatura, olhavam-se, parecendo nada entender sobre o que lhes estava acontecendo.

– Você fez alguma coisa de errado? – perguntou o lojista. – Cometeu algum roubo ou furto?

– Eu nunca roubei nada na minha vida – disse o marceneiro. – Eles estão se referindo ao roubo de um anel...

– O que você faz?

– Monto móveis em casas ou apartamentos para diversas lojas ou empresas moveleiras.

– Será que não roubaram algum anel de uma das casas em que você esteve trabalhando e estão pensando que foi você?

– Não é possível... Eu não estou entendendo nada.

E a viatura rapidamente chegou à Delegacia, sendo seguida pela do delegado, juntamente com o investigador e dona Claudete. A que conduzia o suspeito e o lojista entrou por um portão lateral e a do Delegado estacionou defronte da repartição policial.

Quando os detidos chegaram à sala do delegado, lá se encontravam o Doutor Lacerda, o investigador Oliveira, um escrivão, já a postos, e dona Claudete, agora bastante nervosa, pois não imaginava que teria de ficar frente a frente com o rapaz.

– A senhora não é a dona Claudete? – perguntou o marceneiro, mais para ter uma confirmação de sua surpresa, pois a conhecia suficientemente bem para não reconhecê-la.

– Sou eu, sim, meu rapaz.

– E o que a senhora está fazendo aqui? Por acaso... Não... Não acredito que a senhora tenha me acusado de algum roubo no seu apartamento... Eu não mexi em nada, somente montei o armário e estava, agora mesmo, indo até lá para colocar a peça que faltou hoje de manhã. No caminho, como ainda era um pouco cedo, passei na joalheria deste homem aqui para ver o preço de uma pulseira que quero dar de presente.

– E eu? O que estou fazendo aqui?! – foi a vez de o lojista externar a sua indignação. – Eu apenas atendi esse senhor e lhe mostrei alguns modelos e preços de pulseiras. Pelo que ele me disse, nem iria comprar nada hoje.

– Bem, silêncio agora. Eu tenho que interrogá-los e tomar o depoimento desta senhora. Na verdade, vou primeiro tomar o depoimento de dona Claudete e depois falarei com vocês, que deverão aguardar numa sala no fundo do corredor. Por favor, Clemente, leve-os para lá e lhes explique que estão sob custódia da justiça até que eu possa resolver que rumo tomar neste caso.

– Doutor delegado – disse o rapaz –, eu preciso dar um telefonema.

– Para seu advogado?

– Que advogado? Eu não fiz nada e não necessito de um advogado! O que eu preciso é ligar para minha casa!

– Vocês vão aguardar numa outra sala. Já vamos atendê-lo e o senhor poderá fazer as ligações que julgar necessárias!

– Mas...

– Leve os dois, Clemente.

– Venham!

## 6
## A FUGA

Após tomarem o sorvete, e, como Dalton, com certeza, ainda demoraria um pouco para ligar, Magda resolveu levar a menina até um *Shopping Center*, onde passearam alguns minutos, mas, com a ideia de permanecer um pouco mais com a menina, resolveu ligar para o rapaz para saber por quanto tempo ainda poderiam passear.

Encontrava-se deslumbrada com aquela criança, tão meiga e inteligente, que não se cansava de chamá-la de "hoje, minha mãe".

Ligou várias vezes para o número que Narinha lhe havia dito, mas não obtinha resposta e agora a garotinha parecia estar cansada e com sono.

– Papai não atende?

– Não. Ele deve estar muito ocupado trabalhando. Mas tive uma brilhante ideia, Narinha.

– E qual?! – perguntou a menina, parecendo despertar.

– Você não gostaria de conhecer onde moro?

– Sua casa?

– Sim. Moro num apartamento não muito longe daqui. Podemos ir até lá e, assim que o seu pai telefonar, dizendo que está voltando, eu a levo para a sua casa.

– Eu quero conhecer onde a senhora mora! Quero, sim! Mora com seu pai e sua mamãe? – perguntou, radiante.

– Isso mesmo – respondeu, emocionada novamente, ao perceber que a menina usou de muito entusiasmo ao falar "sua mamãe".

"Ela deve mesmo sentir muita falta de um carinho materno" – pensou.

– Então, vamos.

Mais uma vez, apanharam o carro de Magda, um modelo novíssimo, na cor branca, e partiram em direção à moradia da moça.

\* \* \*

NA DELEGACIA...

– Doutor Lacerda, eu preciso telefonar para o meu marido. Não imaginei que tudo seria tão traumático para mim.

– Pode usar o meu telefone, dona Claudete.

– Com licença.

Alguns segundos se passaram, e a secretária do empresário Antônio atendeu:

– Não, senhora Claudete, seu marido está indo para sua residência. Ele ainda não chegou?

– Eu não estou em casa, mas pode deixar. Vou ligar para lá.

Mais alguns segundos...

– Alô, Doroty? É Claudete. Meu marido já chegou?

– Já, sim, e eu lhe disse que a senhora tinha ido para a delegacia, e ele já está se dirigindo para aí; assim que lhe contei sobre o ocorrido com o anel, ele até tentou lhe falar, mas a senhora deixou o celular aqui.

– Está bem, Doroty. Eu vou esperá-lo. Até mais.

✳ ✳ ✳

Quando o rapaz e o lojista entraram no cômodo no fim do corredor, sentiram um verdadeiro calafrio a subir-lhes pela espinha. Ali também se encontravam detidos três homens, cada um deles algemado, por um dos pulsos, a uma barra de aço disposta ao longo de uma parede.

– Sentem-se aí – pediu o carcereiro, apontando-lhes um banco de madeira. – Não vou algemá-los como a esses outros, mas não tentem nada porque estamos vigiando esta porta.

Nesse momento, o último dos homens algemados deixou-se cair ao chão, de joelhos, revirando os olhos e enrijecendo o corpo.

– O que está acontecendo?! – perguntou o policial. – Ei, você!

– Ele tem ataque epiléptico! – gritou um deles. – Você precisa ajudá-lo! Segure a língua dele ou ele vai morrer asfixiado!

O carcereiro, ignorando que eles poderiam estar mentindo, correu para fazer o que lhe pedia o outro. Mas tudo não passava de uma farsa, de um fingimento, pois assim que o funcionário aproximou-se, o prisioneiro, homem muito forte, enlaçou o pescoço dele, na tentativa de estrangulá-lo, enquanto o que se encontrava mais próximo, correndo a algema pelo tubo, aproximou-se também e o desacordou com violento soco no queixo.

O marceneiro e o comerciante intentaram

levantar-se para sair da sala, mas uma ameaça os deteve.

– Parados aí, ou levam um tiro! – ordenou o que havia fingido o ataque, já com a arma do carcereiro apontada. – Venham até aqui, rápido, e nada lhes acontecerá! Venham!

O marceneiro tomou a frente.

– O que quer que eu faça?

– Procure a chave das algemas no bolso da camisa dele. Eu vi quando as colocou lá. Depressa! Se chegar algum policial, vou atirar!

– Esta? – perguntou o rapaz.

– Abra a minha algema e depois as dos outros.

E a chave realmente era aquela. Livres, o que socara o homem deu a ordem, apontando para o rapaz e o comerciante:

– Vocês dois irão à frente. Nós iremos atrás, encostados em vocês dois. Vamos tentar sair pelos fundos. Mas não tentem nada ou morrerão! Eu lhes juro! Você – disse, dirigindo-se ao lojista –, abra a porta e saia para o corredor. Se alguém o vir, diga que está com sede e volte para dentro. Daí, você me diz quantos há aí fora e mudarei o plano. Se não tiver ninguém, dê-me um sinal.

O lojista obedeceu, abriu a porta e, olhando para fora, deu um sinal positivo com as mãos, o que significava que não havia ninguém no corredor.

– Vamos! – ordenou o homem e todos saíram correndo.

✳ ✳ ✳

Alguns minutos antes da fuga, Antônio entrou no gabinete do delegado, que já havia tomado o depoimento de dona Claudete.

– O que aconteceu, Claudete? Doroty me disse que você saiu com o Doutor Lacerda e um investigador, e que viriam para a Delegacia prestar queixa sobre o roubo de um anel.

– Sim, Antônio. Foi o marceneiro quem o roubou.

– Como assim, Claudete? O anel está aqui comigo – revelou o homem, tirando-o do bolso.

– Como está com você? Ele sumiu da gaveta que eu esqueci aberta...

– Pois é. Hoje de manhã, antes de sair, eu passei pelo quarto e vi que a gaveta da penteadeira estava com a chave do lado de fora. Eu a abri e vi lá o seu anel. Então, imaginando que você se esquecera de trancá-la, ao invés de fazer isso, apanhei-o para entregá-lo a você, colocando-o no meu bolso, mas acabei me esquecendo e fui para o escritório com ele no bolso.

– Quer dizer que ele não foi roubado, então? Meu Deus! Delegado, o senhor precisa soltar o rapaz e o lojista! Preciso desculpar-me com os dois. Deus meu! – exclamou Claudete.

– Lojista?!

– Depois eu lhe explico tudo, Antônio. Oh, meu Deus! – exclamou a mulher, levantando-se, muito nervosa.

NESSE INSTANTE, OUVIRAM-SE tiros, uma gritaria nos fundos do prédio e, em seguida, um

84

veículo que, com os pneus cantando, saiu em disparada para a avenida.

O delegado saltou de sua cadeira, como se fora dela ejetado, e, seguido pelo casal, partiu em velocidade para fora do prédio, já encontrando viaturas saindo em disparada pelo portão.

– O que está acontecendo por aqui?! – berrou para um dos que permaneceram.

– Aqueles três presos, não sabemos como, evadiram-se e, pelo jeito, levaram um suspeito como refém.

– Estão levando o marceneiro, doutor – explicou o lojista que, por não terem tido tempo de alojá-lo no veículo, fora abandonado.

E, trêmulo, contou ao delegado o que acontecera.

– E o Clemente?! Vá ver como ele está, Oliveira! – berrou para o investigador que também ouvira toda a história.

Dona Claudete, por sua vez, precisou ser amparada pelo marido, ao saber que bandidos levaram o rapaz como refém.

# 7
# MAGDA E NARINHA

Alguns minutos antes, Magda, aproximando-se da Delegacia de Polícia, que se situava a caminho de seu apartamento, e diminuindo a velocidade por causa de um semáforo que se fechara logo à frente, viu seu pai estacionar o carro e descer apressado em direção àquele prédio.

"Meu pai?! Entrando apressado nesse distrito policial?! – perguntou-se, surpresa e procurando estacionar também numa vaga, poucos metros adiante.

– É aqui que a senhora mora? – perguntou a menina.

– Venha, Narinha. Preciso falar com uma pessoa. Venha comigo.

A garotinha desceu e, no preciso momento em que se aproximavam de um dos portões daquele distrito policial, Magda identificou o som de tiros vindo do estacionamento daquele prédio.

Instintivamente, puxou a menina, abraçando e protegendo-a contra a parede, no mesmo instante em que uma viatura saiu em disparada, cantando os pneus. Quatro homens se encontravam em seu interior.

– É o papai! – gritou Narinha, ao ver o marceneiro pela janela traseira do veículo. Magda, por sua vez, muito assustada, apenas conseguiu reconhecer a camisa xadrez amarela, que o pai da menina estava usando quando se encontraram na festa do colégio.

"Mas o que está acontecendo?!" – pensou Magda.

– Era seu pai, Narinha?

– Era o meu pai, sim! O que ele estava fazendo no carro da polícia?

Em poucos instantes, outras viaturas saíram pelo portão, parecendo segui-lo ou persegui-lo.

– A senhora não viu o meu pai?!

– Tenha calma, filha – pediu a médica, continuando abraçada a ela. – Já vamos ficar sabendo.

– Telefone para ele, doutora! Telefone para ele! – pedia a garotinha, muito assustada. – Não deram tiros?!

– Não foram tiros, Narinha – mentiu Magda.

– Foi barulho do escapamento do carro.

– Será...?

– Tenho certeza. Eu conheço esses barulhos – reforçou, tentando disfarçar.

89

— Mas telefone para ele.

— Vou telefonar — concordou, mas não conseguiu efetuar a ligação telefônica. — Não atende, Narinha.

A menina a olhou com olhar amedrontado.

Poucos segundos haviam se passado, e Magda, volvendo o olhar para a frente da Delegacia, pôde avistar alguns policiais, o Dr. Lacerda, que ela conhecia, e seu pai e sua mãe.

— Venha, Narinha. São meus pais. Vamos ver o que aconteceu.

— Magda?! — exclamou dona Claudete ao ver a filha.

— Mamãe, o que está acontecendo?! Você e o papai aqui?!

— Eu acusei um rapaz de ter roubado meu anel, mas ele era inocente e agora... — e não conseguiu mais falar, constrangida e abraçando-se à filha.

— Venha, Claudete — pediu Antônio, aproximando-se. — Vamos para casa. A polícia cuidará de tudo.

E somente agora, dando pela presença da filha, perguntou-lhe surpreso:

– E você, filha? O que está fazendo aqui? E quem é essa garotinha?

– É Narinha e ela parece ter visto o pai no carro da polícia. Ele estava trajando uma camisa amarela.

– Pois é o marceneiro – disse dona Claudete.

– Como ele se chama?

– Eu o conheci por Dalton.

– É o meu pai! – gritou a menina, angustiada. – O que está acontecendo com ele? Ele foi preso?

Dona Claudete olhou para Magda e percebeu que esta procurava lhe sinalizar alguma coisa e, compreendendo o quê, explicou a Narinha.

– Não aconteceu nada com seu pai, filha. Ele apenas está acompanhando os policiais para reconhecer o verdadeiro ladrão.

A menina abraçou Magda, apertadamente, pela cintura e lhe perguntou:

– Não vai acontecer nada com ele?

– Não, Narinha. Logo, logo, ele voltará. Venha, vamos até o meu apartamento.

\*\*\*

– Raquel? É Magda. Onde você está?

– Oi, Magda, tudo bem? Você está me parecendo um pouco ansiosa.

– É... Aconteceu um problema aqui em casa e gostaria de saber se você poderia vir até aqui.

– Posso, minha amiga. Estou aqui no centro da cidade. Em poucos minutos, estarei aí. Mas o que foi que aconteceu? Por favor, fale-me.

– Não precisa se preocupar. Não é nada grave, apenas preciso de sua ajuda.

– Logo estarei aí.

– Obrigada.

# 8
# ESCLARECIMENTOS

Todos já se encontravam no apartamento e dona Claudete, muito nervosa ainda, procurava se controlar para não falar sobre o assunto diante da menina. Magda, por sua vez, precisava conversar com os pais e esperava a chegada de Raquel para que ela ficasse com Narinha enquanto eles conversassem.

A campainha tocou e a governanta foi atender.

– Raquel! Que bom que você chegou! – exclamou dona Claudete.

A moça olhou para todos ali na sala e percebeu que alguma coisa não estava bem com eles.

– Oi, dona Claudete... Seu Antônio... Magda... Ei, parece que estou reconhecendo essa linda menina!

– Eu sou Narinha, e a senhora já tratou de um dente meu no colégio.

– Pois é isso mesmo: Narinha!

– A doutora Magda é "hoje, minha mãe".

– Como é que é? – perguntou Raquel, sorrindo, enquanto dona Claudete e seu Antônio olhavam surpresos para ela.

Procurando colocar mais um sorriso nos lábios, Magda disse:

– Não se preocupem. Logo explicarei tudo, não é, princesa?

E a garotinha devolveu o sorriso, apesar de não conseguir disfarçar a sua preocupação com o pai.

– Raquel, você poderia levar a Narinha para conhecer o apartamento? Eu preciso conversar um pouco com meus pais. Não tem problema, Narinha? Raquel é como uma irmã para mim, pois nos conhecemos desde crianças e até já faz parte da família.

– Eu vou com ela, mas, depois que falar com os seus pais, a senhora me conta o que está acontecendo com o meu? – perguntou a menina, demonstrando que estava percebendo que iriam conversar sobre isso.

– Conto, sim, mas não precisa ficar preocupada, pois ele está bem.

– Eu tenho certeza – disse a garotinha, de forma firme, mais para convencer-se disso. – Papai sempre resolve tudo.

– Vamos, então? – convidou Raquel, tomando Narinha pelas mãos.

Quando saíram da sala, Magda sentou-se mais próxima aos pais.

— Afinal, o que está ocorrendo, mamãe?

E dona Claudete e seu Antônio contaram para a filha todo o sucedido naquele dia.

— Meu Deus, mamãe! Quer dizer que esse marceneiro, Dalton, encontra-se como refém desses bandidos? Pobre Narinha. Mas por que a senhora já saiu acusando, sem ter provas?! – indignou-se a moça.

— E o que é que você queria que eu fizesse? Eu tinha que fazer alguma coisa e não o acusei, apenas contei o que tinha acontecido ao delegado e lhe disse que esse rapaz ficou sozinho no quarto! E por que é que você estava com essa menina?

— Lembra-se de que lhe contei que uma garotinha, que perdera a mãe, pedira-me para fazer o papel dela, lá no colégio, e receber o presente que ela fez, juntamente com as outras crianças? Que, enfim, eu fizesse o papel da mãe dela?

— Sim, eu me lembro. Até fiquei sensibilizada quando me contou – respondeu dona Claudete. – E por que ela ainda está com você?

– Porque o seu pai, Dalton, depois da festa, ia trazê-la com ele, dizendo que tinha de terminar um serviço que, com certeza, devia ser aqui no nosso apartamento, não? Então, perguntei-lhe se eu poderia levar Narinha para tomar um sorvete. E ficamos combinados de ele me telefonar quando estivesse chegando em sua casa para que eu pudesse levar a menina. Eles moram perto da escola, mas, como estava demorando, resolvi passear um pouco com ela e a convidei para vir conhecer o meu apartamento.

– Por isso que ela a chamou de "hoje, minha mãe"?

– Sim, foi uma maneira carinhosa de me tratar no dia de hoje.

– Pobrezinha... E agora o pai dela está nas mãos daqueles bandidos... E tudo por minha culpa... Apesar de que eu fiz o que qualquer um teria feito. Uma pessoa que eu não conheço... Imagino até que nem tenha um grande salário... E um anel valiosíssimo pedindo para ser furtado...

– Um pouco dessa culpa é minha também – completou Antônio, procurando amenizar um pouco a situação.

– A maior culpada sou eu, Antônio, pois fui eu quem o acusou, mas vocês sabem como não suporto roubos, furtos, sei lá o quê! E o coitado do rapaz... – lamentou-se.

Nesse instante, a governanta entrou na sala.

– Senhor Antônio, da portaria estão dizendo que o Doutor Lacerda, o delegado, está subindo.

– Obrigado e, por favor, abra a porta e faça-o entrar.

– Sim, senhor.

Mais alguns minutos...

– Entre, Lacerda, e sente-se aqui. E, então, alguma novidade? Alguma pista?

– Acabei de receber uma ligação dos policiais que saíram no encalço do veículo.

– E os apanharam?

– Ainda não, meu amigo. Na verdade, eles os perderam num cruzamento aqui do centro da cidade. Por sua vez, o helicóptero da polícia atrasou um pouco para nos atender e só conseguiu localizar a viatura abandonada. Neste momento, policiais se encontram nessa redondeza, vasculhando tudo porque, com certeza, não devem estar muito longe.

– E se roubaram outro veículo?

– Seria meio difícil, pois se encontram numa vila onde residem muitos meliantes, inclusive uma perigosa quadrilha de traficantes e a ninguém é permitido roubar ou assaltar por aquelas bandas. É a lei deles.

– De qualquer forma, será como achar uma agulha num palheiro.

– Nem tanto, seu Antônio. Os policiais são bem treinados e sabem onde procurar. No caso desses três bandidos, acabaram fugindo para essa vila de onde certamente são procedentes. E, nesse local, a polícia conhece bem as pessoas e sabe para quem perguntar. Imagino que logo teremos notícias.

– Tomara a Deus! – exclamou dona Claudete, ansiosa.

– E o nosso helicóptero – continuou o delegado –, neste momento, já deve estar sobrevoando uma mata que faz divisa com esse local. Ainda está claro e dificilmente conseguirão se esconder lá. Outros também já a devem estar penetrando a pé e seguindo as orientações da aeronave.

– São bandidos perigosos, Doutor Lacerda? – perguntou Magda.

– Os três já possuem passagem e ficha na polícia e não são considerados perigosos, pois, até hoje, não cometeram nenhum crime de morte. Apenas assaltos a pequenos comércios, postos de combustíveis e lojas de conveniência, apesar de que, pelos relatos e depoimentos de testemunhas, são ousados, abusados, audaciosos mesmo. Mas, nenhuma morte, além de se encontrarem com pouca munição, apenas a arma que subtraíram do carcereiro e, além disso, já efetuaram dois disparos para amedrontar os que iriam persegui-los e mostrar que se encontravam armados. De qualquer forma, nunca se sabe qual seria a reação deles se acuados.

– Mas eu ouvi vários tiros.

– Foram dos policiais, doutora Magda.

– Mas talvez tenham outras armas nessa vila – ponderou Antônio.

– Pode ser... O que sabemos é que, de qualquer forma, teremos de tomar muito cuidado, principalmente porque está em risco a vida do rapaz que se encontra refém deles. Bem, essa é a notícia que posso lhes dar.

– Tomara que consigam algo bem rápido, pois já estou ficando tensa. Não gostaria que algo de mal acontecesse a esse rapaz – disse dona Claudete.

– Iremos conseguir, senhora. E também vim até aqui para ver se vocês teriam mais detalhes sobre esse moço.

– Eu pouco falei com ele – respondeu a mulher. – Talvez Magda o conheça melhor, pois conversou com ele hoje e a filhinha dele está aqui conosco.

– A filhinha dele? Não estou entendendo.

– Eu lhe explico, doutor – disse a médica, contando como o conhecera através de Narinha.

– E como está ela, a menina? – perguntou, interessado, o delegado.

– É uma menina muito segura de si, mas percebo que, no fundo, não deve ter acreditado muito no que lhe falamos, sobre seu pai estar indo com a polícia para reconhecer um suspeito.

– Entendo. Gostaria de conversar com ela, Magda – disse o Dr. Lacerda. – Pode ficar tranquila que apenas vou tentar acalmá-la. Além disso, seria importante eu saber um pouco mais de seu pai, principalmente com respeito às suas reações para que saibamos como não colocar em risco a sua vida, caso haja algum confronto. E não se preocupe com a menina. Eu aprendi, em todos os meus anos de profissão, a ter muito tato para conversar com crianças.

– Eu vou chamá-la, doutor.

# 9
# CONVERSA COM NARINHA

– Tudo bem, Narinha? Eu sou da polícia e só quero conversar com você para tranquilizá-la. Você viu o seu pai num carro da polícia e o que tenho a lhe dizer é que ele está bem, pois somente pedimos para ele ir com os policiais para reconhecer uma pessoa que roubou um anel de dona Claudete, a mãe de Magda.

— E quando ele vai voltar?

Lacerda pensou um pouco e respondeu:

— Talvez ele volte somente amanhã porque eles foram todos para uma outra cidade.

— E por que ele não telefona para mim? Ele tem o número do celular da doutora Magda.

— Oh, sim. Acredito que ele não tenha ligado porque o carro da polícia bloqueia o uso de aparelhos celulares — mentiu o delegado. — Mas um dos policiais conversou comigo por outro tipo de aparelho que existe na viatura e eu falei com o seu pai.

— O senhor falou com ele?

— Sim, e ele me pediu para lhe dizer que a doutora Magda vai cuidar de você até que ele volte, não é, doutora? — mentiu novamente o delegado.

— É lógico. Narinha ficará comigo hoje e até a hora em que o Dalton voltar.

— Que bom — exclamou a menina, mais aliviada —, porque eu estava muito preocupada. Não tenho as chaves da minha casa.

E Magda, abraçando-a e tentando tranquilizá-la, disse:

– Você vai ficar aqui comigo, princesa. Vai tomar um banho e vou lhe arrumar alguma roupa minha para você dormir.

– Uma roupa da senhora?

– Isso mesmo. Apesar de que vai ficar grande, não? Mas não tem importância. Pego uma tesoura e dou um jeito. Que tal?

– Vai ser divertido! – concordou a garotinha, sorrindo, alegre e mais descontraída agora.

– E, antes disso, vamos comer também.

– Aqui?!

– Aqui, sim.

Após mais alguns segundos, o delegado tomou a palavra.

– Sabe, Narinha, eu conheci o seu pai apenas hoje e gostei muito dele. Pareceu-me ser um bom homem. Estou certo?

A menina sorriu e começou a falar sobre o pai.

— Papai é o melhor homem do mundo. Nós nos divertimos muito, sabe? Ele me leva sempre passear, lava as minhas roupas e até passa com o ferro de passar.

— Ele lava e passa as roupas?

— Hã, hã... As minhas e as dele. Faz isso à noite. Um dia ele lava e põe para secar. No outro, passa.

— E onde vocês se alimentam, Narinha?

— Papai almoça na rua, quer dizer, em algum restaurante, mas não em um restaurante caro. Almoça nesses mais baratinhos, de prato feito.

— E você?

— Eu almoço no colégio. Depois, quando ele vai me buscar, já comprou pão e sempre prepara alguma coisa. Às vezes, faz uma sopa com carne e legumes ou frita a carne. De outras vezes, ele faz ovos fritos ou cozidos. Papai sabe cozinhar. E nós ficamos conversando, enquanto comemos. Ele quer saber tudo o que fiz na escola e o que aprendi.

— E você lhe conta tudo? – perguntou Magda, sorrindo.

— Conto tudo, sim, e não minto nunca.

— Você é uma boa menina.

— E o que mais? Estamos gostando de ouvi-la – pediu o delegado.

— Depois de comermos, eu o ajudo a lavar e a enxugar os pratos e talheres. E, de manhãzinha, ele já levanta, faz o café, esquenta o leite, me acorda, arruma as camas, e me leva para a escola. Ah... Também, à noite, ele me ajuda nas lições de casa, se tenho alguma dúvida. E confere tudo também, para ver se eu acertei.

— Seu pai tem estudos, Narinha, quero dizer, fez algum curso? – continuou o delegado.

— Papai só não tem curso superior, mas fez até o último ano quando trabalhava à tarde numa marcenaria. Ele me contou que a marcenaria era de um amigo do meu avô e foi lá que ele aprendeu. Papai gostaria mesmo era de fabricar móveis, mas ainda não conseguiu, e hoje só faz a montagem. Ele gosta de desenhar móveis diferentes. Vocês precisam ver os desenhos. E faz outras coisas também. Um dia, ele me levou para ver o trabalho que fez numa mansão, onde colocou todas as portas e madeiras em algumas paredes, fazendo desenhos com elas. Ficou lindo. Ele disse que ganhou bastante dinheiro. Papai é esforçado, sabem?

– Você deve gostar muito dele, não? – perguntou Raquel.

– Eu adoro o papai.

– E ele é bravo quando é preciso? – perguntou o delegado.

– Não. Papai nunca ficou bravo comigo. Quando faço alguma coisa errada, ele me ensina o que é certo. Hoje já não faço nada que o papai ache errado, mas sei que ainda posso fazer porque não sei tudo sobre a vida. Mas sei que ele vai me ensinar. E não quero que ele fique chateado comigo nunca. Ele trabalha bastante e ainda faz o que minha mãe fazia, que era cuidar de mim e das minhas coisas.

Todos, inclusive o delegado, ficaram impressionados com as palavras da menina, carregadas de muito amor pelo pai.

– Bem, eu vou indo, seu Antônio. Tenho muito que fazer ainda.

– Por favor, meu amigo, mantenha-nos informados.

– Farei isso.

– Venha, Narinha – chamou Raquel –, venha ver outra coisa.

Quando a menina se retirou, Dr. Lacerda fez um último comentário:

– Bem, não abri nenhum inquérito, pois não houve nenhum roubo...

– Lógico – concordou seu Antônio.

– E eu trouxe aqui comigo os pertences do rapaz – disse, retirando do bolso um envelope. – Você pode guardá-los, Magda? Afinal de contas, Narinha está aqui com você e isto pertence ao pai dela. Trata-se de sua carteira, seus documentos, chaves e celular. Há também uma bolsa dele com algumas ferramentas que eu guardei no porta-malas de meu carro. Assim que o encontrarmos, eu a entregarei a ele.

— Pode deixar esse envelope comigo, Doutor Lacerda. Quanto às ferramentas, sei que estarão bem guardadas com o senhor.

— A propósito, antes de levá-lo até a delegacia, perguntei-lhe se, porventura, estaria ali com algum veículo, e ele me informou que viera de metrô apenas com essas ferramentas, pois o serviço que teria de terminar no armário de dona Claudete era o de apenas colocar uma peça numa das dobradiças.

— É verdade. Ele veio de metrô.

# 10
## EFEITO FÍSICO

Uma hora antes, os três bandidos haviam abandonado a viatura da polícia numa ruela e haviam entrado numa mata, seguindo uma trilha e obrigando Dalton a acompanhá-los.

– E agora, Jorgão? Para onde vamos? – perguntou um deles.

– Agora, vamos tomar este outro atalho e nos esconder na casa do velho Gaspar. A esta altura, já deve estar dormindo, completamente embriagado.

– Boa ideia! Vamos até lá.

Mais alguns minutos se passaram, e chegaram a casa, com muito cuidado para não serem vistos, o que não foi difícil, pois já estava escurecendo.

– Quem está aí? – perguntou uma voz pastosa.

– Somos nós, o Jorjão, o Osório e o Rafa. Vamos ficar um pouco por aqui.

– Andaram aprontando outra vez? – perguntou o velho, quase sem forças para falar ou mesmo raciocinar, apagando em seguida.

– Rafa, vá até o quintal e traga as armas que estão escondidas debaixo e por detrás do tanque de lavar roupas. Traga as velas e os fósforos também.

Era assim que aqueles homens agiam, utilizando a insuspeita casa de Gaspar para se esconderem, dormirem algumas vezes e guardarem as armas.

– Acenda apenas aqui no chão – ordenou, quando o outro voltou. – E feche essa janela de madeira antes. Vamos ficar amoitados aqui até resolvermos o que fazer. E você... como é o seu nome?

– Dalton.

– Você, Dalton, fique na sua, bem quieto, se não quiser se machucar.

Dalton se encontrava preocupadíssimo, pois seus documentos e seu celular haviam ficado retidos na delegacia. Precisava ligar para a doutora Magda a fim de saber sobre sua filha, apesar de imaginar que a médica não deixaria de cuidar bem dela. Mas sua preocupação maior era com o que Narinha estaria pensando. Ela deveria estar também muito aflita com o sumiço dele.

"Meu Deus, ajude-me. Preciso fazer alguma coisa. Pelo menos, uma ajuda para que eu volte com vida para a minha filhinha. Ela precisa de mim. Já não tem a mãe. Ajude-nos, meu Deus. Ajudem-nos, Espíritos bons. Ajude-nos, Eunice, se for possível você fazer alguma coisa".

Nesse instante, Dalton começou a pensar novamente em sua filhinha, que deveria estar mesmo muito preocupada com a sua ausência, mas se tranquilizou um pouco porque ela estava com Magda. Percebera muita bondade naquela moça.

E seu pensamento voltou-se novamente para a esposa, parecendo entrar em sintonia com ela, vendo-a mentalmente sorrir para ele, tranquilizando-o. E qual não foi a surpresa quando pareceu ver nitidamente a sua imagem junto à de Magda.

"Narinha deve estar bem, sim". Foi o que concluiu com aquela imagem.

E se encontrava tão absorto nesses pensamentos que se assustou com um senhor, já bastante idoso, trajando paletó escuro e calça cinza, que entrou no cômodo em que ele se encontrava.

"Quem será esse?" – pensou. – "Não havia mais ninguém aqui... E esse tal de Gaspar está naquele quarto... Será...?"

E o velho, sorrindo para ele, disse:

– Tenha calma, meu bom rapaz. Farei de tudo para ajudá-lo.

E retornou de onde viera, um cômodo que Dalton imaginou ser uma cozinha

Dalton olhou para os três homens e percebeu que eles pareciam não ter notado a presença daquele homem.

"Será que estou vendo algum Espírito?" – pensou, sentindo ligeiro calafrio a percorrer-lhe todo o corpo. Um calafrio não de medo, mas de emoção.

"Será?" – ainda se perguntou.

Alguns segundos se passaram, e o barulho de algo de metal, parecendo o de uma panela, ouviu-se, como se esse objeto tivesse caído ao chão.

– O que foi isso? – perguntou Rafa.

– Será que o Gaspar se levantou? Esse barulho veio da cozinha...

– Eu não o vi sair do quarto e ele teria de cruzar o corredor.

– Eu vou verificar – disse Osório, levantando-se, acendendo a outra vela e olhando, antes de entrar na cozinha, para dentro do quarto de Gaspar.

– O Gaspar está aqui, desacordado pela bebida.

– Então, verifique na cozinha – ordenou Jorjão.

– A única coisa que pode ter feito o barulho é uma panela caída no meio da cozinha, mas não sei de onde ela poderia ter caído.

– Verifique a janela.

Após alguns segundos...

– Ela está trancada e a porta que dá para o quintal também. Eu mesmo a tranquei quando fui buscar as armas.

– No meio da cozinha?! – perguntou Jorjão,

levantando-se. – Deixe-me ver. Rafa, fique de olho no Dalton.

– Pode ficar sossegado. Se ele se mexer, vai ser a última vez que faz isso. Certo, Dalton?

– Certo. Não vou fazer nada. Desejo muito continuar vivo.

– Cale-se!

Na cozinha, Jorjão confabulava com Osório.

– Não é possível esta panela ter caído aqui e foi esse o som que ouvimos. Erga essa vela. Quero ver se essa panela não estaria pendurada na parede. Hum... Não há nada aqui... Nenhum prego ou gancho.

– Só se foi o velho Gaspar quem a atirou através da porta de seu quarto.

– Pode ser... Vamos voltar à sala – disse Jorjão, colocando a panela sobre a pia da cozinha e fechando a porta do quarto do velho bêbado. – Gaspar não fará mais isso.

# 11
# LÁPIS E PAPEL

Assim que o Dr. Lacerda saiu, Raquel também se despediu, pois agora a menina ficaria sob os cuidados de Magda.

— Muito obrigada, Raquel – disse.

— Por nada, minha amiga. Tomara que tudo se ajeite da melhor maneira possível.

— Se Deus quiser — respondeu a amiga, suspirando.

Magda providenciara, sem que a menina percebesse, roupas para ela, enviando Dolores, a governanta, até uma loja nas imediações para lhe comprar o necessário, pelo menos uma para dormir e outras para usar até que houvesse uma solução para o caso de Dalton e, agora, enquanto Narinha tomava banho, a médica as espalhava por sobre a sua cama.

Ao sair do banheiro, embrulhada em uma toalha, a menina, ao vê-las, perguntou, deslumbrada:

— Quanta roupa!

— São para você. Gostou?

— São lindas. Até uma camisolinha e um par de chinelos! A senhora disse que iria cortar uma camisola sua para eu dormir.

— Foi apenas uma mentirinha, pois queria lhe fazer uma surpresa.

— Mas tão rápido!

— Eu havia pedido a Dolores, a governanta, para que fosse até uma loja aqui perto e comprasse. Venha cá, vamos ver se servem.

E, dizendo isso, Magda fez com que a menina as experimentasse todas.

— Precisamos dar os nossos parabéns à Dolores. Ela acertou em cheio no tamanho.

— E o que usarei agora? A camisola?

— Ainda é cedo para dormirmos. Escolha uma destas roupas.

— Pode ser esta saia e esta blusinha?

— O que você quiser. Vista-as.

A menina atendeu prontamente e Magda abriu uma grande porta do armário, dando acesso a um espelho preso no seu interior.

— É muito bonita!

— Agora vamos pentear os seus cabelos. Quer que eu os prenda?

— Quero sim.

E apanhando um elástico e uma presilha, fez um lindo coque como penteado.

– Está parecendo uma princesa, Narinha.

– E a senhora, uma rainha. A rainha mais linda deste reino. Só precisa encontrar um príncipe encantado... Ou um grande e feio sapo... – brincou a menina, rindo e se desculpando. – Não, sapo não. A senhora "hoje, minha mãe" teria de beijá-lo para que ele se transformasse num príncipe.

– Seria melhor um já transformado, não? – brincou a médica, o que fez com que as duas caíssem na risada, divertindo-se.

Dona Claudete, que naquele instante ia passando defronte do quarto da filha, deu duas leves batidas na porta, e a abriu.

– Meu Deus, que alegria! Posso me divertir também? – perguntou, pondo-se alegre, a fim de não dar demonstrações de sua preocupação com Dalton. Sabia que Magda também assim procedia.

E as duas contaram a causa das gargalhadas,

o que fez com que a senhora também achasse graça, principalmente com a alegria e inocência de Narinha.

– Bem... O jantar será servido dentro de meia hora. Está bem?

– Tudo bem, mamãe.

– E você, princesa? Tem preferência por alguma comida?

– Não, senhora.

– Gosta de carne?

– Gosto. Papai, às vezes, faz um churrasquinho aos domingos.

– E vai muita gente nesse churrasco? – perguntou Magda.

– Não vai ninguém. Só eu e papai. Ele até comprou uma churrasqueira bem pequena porque ele assa carne somente para nós.

– Entendo. A carne será o prato principal, mas teremos também arroz, salada e mais algum prato que a cozinheira irá decidir. Bem, vou descer. Quando chegar a hora, Dolores as chamará, ou poderão descer antes se quiserem.

– Está bem, mamãe. Ficaremos mais um pouco aqui no meu quarto.

– Até mais, então.

– Até mais.

– E agora, o que faremos? – perguntou a moça.

A menina permaneceu, por alguns segundos, em silêncio, até que fez um pedido:

– A senhora poderia me arrumar um lápis e uma folha de papel?

– É lógico. Espere um pouco.

Magda abriu a gaveta de uma torneada escrivaninha e de lá retirou algumas folhas, um lápis, uma borracha e uma caneta.

– Pronto. Você quer se sentar aqui?

Narinha atendeu e sentou-se diante da folha. Apanhou o lápis e ficou a pensar.

# 12
## MEDIUNIDADE

"Será que foi o Espírito quem derrubou a panela?" – perguntou-se Dalton, no mesmo instante em que novamente o viu, sorrindo para ele, do corredor.

E, olhando para o homem, perguntou-lhe mentalmente, ao mesmo tempo em que cogitava se ele poderia ler o seu pensamento, pois já vira isso em livros espíritas: – "Devo fazer alguma coisa?"

Instantaneamente, o Espírito lhe respondeu:

– No momento certo, saberá o que fazer.

E desapareceu, não sem Dalton perceber que retornara à cozinha. E novo estrondo se fez ouvir, desta vez, com mais intensidade.

– Mas não é possível! – bradou Jorjão, levantando-se de um pulo e disparando para a cozinha, seguido por Osório, agora com os revólveres em punho.

– Não se mexa! – ordenou Rafa para Dalton.

– A panela! – gritou Jorjão, não conseguindo controlar o espanto. – Mas que brincadeira é essa?!

Mais uma vez, Osório verificou a porta da cozinha e a janela, que ainda se encontravam trancadas por dentro, horizontalmente, com uma enorme e grossa tranca de madeira, apoiada sobre suportes de ferro, parafusados nos batentes.

A panela novamente se encontrava no chão, bem no centro da cozinha.

– Quem está fazendo isso, Jorjão?! – perguntou Osório, com tremor na voz. – Se não há mais ninguém aqui a não ser nós quatro e o bêbado do Gaspar, com a porta de seu quarto fechada...

Jorjão correu a abrir a porta de uma velha geladeira.

– Não há ninguém aí, Jorjão...! Só pode ser coisa de Espíritos! Minha avó e minha mãe já viram isso acontecer. Será que esse cara, o Dalton, tem alguma coisa a ver com isso? Nunca aconteceu com nós três...

Jorjão saiu depressa da cozinha e Osório o seguiu, olhando para trás, visivelmente amedrontado.

– Fale aí, ô cara! – bradou Jorjão para Dalton. – O que é que você está fazendo?!

– Eu não estou fazendo nada.

E o velho, novamente, apareceu e lhe disse:

– Diga a eles.

E Dalton procurou pensar no que dizer.

– Vamos, cara! Fale! – tornou a ordenar Jorjão.

– É um Espírito e eu o vejo.

– Você é médium?

– É a primeira vez que isso acontece comigo.

– E quem é esse Espírito e por que está fazendo isso? Pergunte a ele. O que ele quer?!

– Ele diz que quer ajudá-los para que não se compliquem mais ainda – respondeu Dalton, estupefato com o que estava acontecendo, pois nunca antes havia visto um Espírito e muito menos ouvido um. Lera muitos livros espíritas e sabia que isso era possível e até como acontecia. Alguém ali, e até poderia ser ele, teria a mediunidade de efeitos físicos e aquele Espírito estava fazendo uso dela. De qualquer modo, optou por falar o que o velho lhe sugeria.

– Quer nos ajudar?! Assustando-nos?!

– Ele queria chamar a atenção de vocês.

– Mas como é que um Espírito ou alma do outro mundo pode fazer isso?! Qualquer Espírito pode ir chegando numa casa e fazer o que quiser?!

– Ele diz que só quando é necessário e permitido ou, então, se há algum fato muito forte ligando o Espírito à pessoa da Terra.

– E o que nós temos com ele?

– Deve ser coisa de outras vidas, Jorjão – falou Osório. – Minha avó e minha mãe falavam nisso.

– Pois diga a esse Espírito para ir embora! – ordenou Jorjão, furioso.

– Ele está dizendo que não pode ir porque precisa ajudá-los, e rápido, porque há aqui outros Espíritos que querem prejudicá-los.

– Prejudicar-nos?!

– Ele disse que eles podem, aproveitando-se das energias e fluidos que estão sendo liberados por todos nós.

– E que energias ou fluidos são esses?
– Os do medo. Todos estamos com medo. Medo de sermos pegos pela polícia.
– A polícia não nos irá apanhar! Diga a ele!
– Mesmo assim, o medo está presente – diz ele. – E ainda diz que o perigo é maior porque há armas aqui e elas poderão ser usadas por eles.
– Como "usadas por eles"?
– Da mesma forma que ele atirou a panela ao chão.

Nesse momento, Dalton conscientizou-se de que o Espírito daquele velho estava querendo amedrontá-los, falando das armas, apenas para conseguir o que queria, pois ele mesmo sabia que os Espíritos não tinham permissão nem capacidade de se utilizarem desses efeitos físicos para ferir alguém.

De qualquer maneira, vez ou outra, enquanto falava, percebia, de relance e muito rapidamente, figuras grotescas no ambiente. Quanto ao Espírito que lhe falava, tremeluzia, com a sua imagem indo e vindo, conforme entrava em sintonia com ele.

– Isso não está acontecendo... – disse Rafa, agora com a voz trêmula. – E no que ele quer nos ajudar? Seja mais direto ou vamos acabar com você agora mesmo.

– Ele diz que vocês precisam abandonar essa vida em que se meteram antes que venham a cometer algum crime envolvendo a morte ou sejam vítimas dela. Devem parar com isso antes que seja tarde demais. Diz também, para que saibam, que a vida não termina depois da morte e que os criminosos terão de passar por muito sofrimento até pagarem o último centavo de suas dívidas.

– Minha avó e minha mãe diziam isso – concordou Osório.

– E ele vai ficar nos perseguindo?

– Ele diz que ele propriamente não, mas que os outros, sim.

– Os outros Espíritos?

– Sim, os do mal.

# 13
## CARTA PARA A MÃE

— Você vai desenhar alguma coisa, Narinha? – perguntou Magda, vendo a menina compenetrada, pensando no que iria fazer com o lápis e o papel.

— Não. É que hoje é o dia da semana que, à noite, eu escrevo uma carta para minha mamãe.

– Você escreve para sua mãe? – perguntou-lhe Magda, curiosa.

– Já faz seis meses que faço isso.

– Você poderia me explicar melhor?

– É que eu andava um pouco triste porque eu perguntei a Dona Clementina, lá do Centro Espírita em que eu e papai tomamos passe, se minha mamãe não poderia me escrever uma carta, assim como soube que pessoas, que já desencarnaram, fizeram através de Chico Xavier...

– Chico Xavier?

– A senhora nunca ouviu falar dele?

– Já, sim, e também sei que muitos Espíritos escreviam para seus familiares através de sua mediunidade.

– Papai até tem uns livros que falam disso e que trazem, escrito neles, essas cartas. Papai já leu algumas para mim, até de crianças que já foram para a outra dimensão.

— Estou entendendo. Mas o que dona Clementina lhe respondeu que a deixou triste?

— Ela me disse que, para que minha mamãe pudesse me escrever, seria necessário que os Espíritos a auxiliassem a se comunicar, e talvez não vissem necessidade de todo esse trabalho, porque não preciso que mamãe me escreva para eu acreditar que ela esteja viva. Que não me preocupasse tanto com isso, pois um dia eu iria entender e que, com certeza, minha mãe sempre esteve ligada a mim pelo coração.

— E você ficou triste?

— Fiquei contente quando ela me disse que minha mamãe estava sempre ligada a mim pelo coração, até porque sempre sonho com ela e parece que não estou sonhando, e sim, que tudo está acontecendo, apesar de que me lembro pouco do que falamos.

— Mas ficou triste porque ela lhe disse que não seria tão fácil sua mãe escrever, não?

– Isso mesmo, até que papai leu para mim uma mensagem de um Espírito feminino que dizia para uma mãe que perdeu um filhinho para que acreditasse que, quando um filho não pode ser trazido para escrever cartas, ela pode ser levada, durante o sono, até ele e que, apesar de não se lembrar de tudo, quando acordar, sentirá que assim aconteceu e a saudade diminui. E esse Espírito também falava que uma mãe pode escrever, ela mesma, cartas para o filhinho que partiu.

– Escrever cartas para um filhinho que já passou para outra dimensão?

– Isso mesmo e até ensinou como fazer.

– E como?

– Ela escreveu dizendo que a mãe deveria escrever suas cartas, dizendo ao seu filho que acreditava que ele continuava vivo e que muito o amava. Que acreditava também que se encontrava com ele durante o sono e que, um dia, eles estariam novamente juntos. Que ele deveria amar também a mãe que Deus lhe arrumou na outra dimensão da vida e que ela a abençoava. E o Espírito disse para que ela acreditasse que ele receberia essas cartas porque Espíritos bons dariam um jeito de levá-lo para ler ou levariam uma cópia para ele ler ou, ainda, leriam para ele. E ainda deu uma ideia: que ela escrevesse e deixasse a carta aberta num móvel do quarto.

– E você resolveu fazer o mesmo? – perguntou Magda, mais uma vez com lágrimas nos olhos.

– Eu faço. Papai me disse que, se as mamães poderiam fazer isso com seus filhinhos, eu poderia fazer o mesmo com minha mamãe. E eu, então, tenho feito isso uma vez por semana porque me lembro de um sonho em que mamãe me disse que eu não teria de fazer isso todo dia. Que eu poderia escolher um dia da semana e que, se por acaso eu não pudesse escrever nesse dia ou em outros, não teria problema, ela iria compreender.

– Mas isso é lindo, Narinha.

– Tenho certeza de que logo ela estará lendo o que vou escrever.

– Bem, você pode escrever à vontade aí. Eu vou esperar aqui, sentada na cama.

– Não é preciso. Eu não escrevo uma carta muito longa. Escrevo poucas palavras, porque papai me disse que o melhor é o que se passa no coração da gente e que poucas palavras podem falar mais do que muitas.

– Posso ver você escrever?

– Claro, sente-se aqui do meu lado.

E Magda fez o que a menina pediu.

Narinha permaneceu alguns segundos pensativa até que começou a grafar a sua carta:

*"Querida mamãe,*

*Hoje estou muito feliz porque eu pude entregar o presente que fiz para a senhora, um lindo porta-retratos.*

*Sei que a senhora estava lá, porque o Orlandi-*

nho a viu do nosso lado. E se a senhora abraçou a gente foi porque estava feliz por eu ter convidado a doutora Magda para estar no seu lugar.

*Ela também ficou muito contente.*

*Acho que é porque ainda não tem filhos.*

*Mas um dia poderá ter. Hoje eu acredito que ela até se sente mãe, porque eu resolvi chamá-la de "hoje, minha mãe".*

*Agora, mamãe, estamos com um problema. Papai precisou viajar e ainda não voltou, e eu estou um pouco preocupada porque ele foi com a polícia para reconhecer um suspeito.*

*Eu tenho um pouco de medo, mamãe.*

*Estou aqui com a doutora Magda. Ela até me comprou roupas. Ela é muito boa.*

*Eu queria pedir para a senhora rezar pelo papai junto comigo.*

*Tenho certeza de que vamos nos encontrar quando eu dormir e aí nós rezamos por ele, está bem?*

*Tchau, mamãe. Eu amo a senhora com toda a força do meu coração.*

*Um beijo*

*Narinha"*

— A senhora está chorando, doutora Magda? — perguntou a menina ao terminar e olhar para a médica.

Magda abraçou Narinha e lhe disse:

— Só estou um pouco emocionada e feliz, minha princesa. Penso que muitas vezes deveríamos observar melhor as crianças, pois, com certeza, elas têm uma solução mais fácil para os problemas da vida.

— A senhora acha? Mas quem resolveu o meu problema foi o Espírito daquela senhora que escreveu a mensagem falando que devemos escrever aos que se foram e que a gente ama.

Magda limitou-se a sorrir para ela.

— Sabe, Narinha, esta noite gostaria que

falasse com uma pessoa de quem eu gosto muito também.

– E quem é ela e falar o quê?

– Gostaria que falasse com Dolores, a governanta. Ela perdeu uma filhinha há pouco tempo e tem sofrido muito. Quem sabe se ela tomar conhecimento dessa possibilidade de também escrever para a sua filhinha, não...?

– Se a senhora quiser, eu falo com ela.

– Tenho certeza de que irá ajudar muito a Dolores.

– Acho que sim.

# 14
## A ESCOLHA DE CADA UM

Nesse momento, o velho disse para Dalton:

— Eu me vou, meu rapaz, eu e meus companheiros, para levar os Espíritos infelizes que aqui se encontram, a fim de trazer calma e paz a este lugar. Agora é por sua conta. Fale a eles sobre tudo o que sabe. E não tenha medo. Se necessário for, voltarei. Agradeça a Deus.

– Muito obrigado, meu Deus.

– O que você está agradecendo a Deus? Ele foi embora? – perguntou Rafa.

– Foi e levou momentaneamente os outros, mas me disse que, se for necessário, vai voltar.

– E o que mais ele disse?

Osório também se interessou:

– O que mais ele lhe disse? Fale!

Jorjão, por sua vez, apenas observava. Era corajoso, porém com o que podia controlar ou combater, mas aquilo era algo completamente fora de seu controle.

– Ele me pediu para que eu tentasse tirá-los dessa vida que só leva ao sofrimento. Sofrimento das vítimas e o de vocês, principalmente.

– Sofrimento eu conheço desde criança – falou, finalmente, Jorjão. – E eles aqui também.

Sabemos o que é sofrimento, sabemos o que é passar fome e frio, e como é ser rejeitado pelas pessoas da cidade, só porque nos vestíamos com roupas surradas e sujas. Porque nossos pais, cansados de sofrer, viviam embriagados. E nós, como tantos outros, nos cansamos dessa vida. Até gostaríamos de ter estudado e sido alguém, mas isso ainda não é possível onde passamos a infância.

Hoje só está um pouco melhor para as crianças, pois a vila foi, aos poucos, tomando a forma de bairro e crescendo até a cidade. Mas nós somos de um outro tempo. Não temos mais chances, a não ser a de roubar.

– Aí é que vocês se enganam, Jorjão.

– Do que está falando?

– Estou falando que depende da vontade de cada um.

– E o que você sabe disso?

– Eu também nasci numa vila muito pobre. Ou mais pobre ainda, como deve ter sido esta.

— Você nasceu numa vila pobre?

— Nasci e lá vivi até os onze anos de idade, quando papai, à custa de muito suor e trabalho, conseguiu um emprego melhor, num outro bairro. Mas, até ali, desde que nasci, papai trabalhava todos os dias da semana, pois fazia bicos aos sábados e domingos. Sei que não são todos os que conseguem, e meu pai não sabia se iria conseguir ou não, mas nunca desistiu. E agora eu lhe pergunto: todos os que nasceram onde vocês nasceram se tornaram ladrões? Tenho certeza que não. Aqui há muitos comerciantes, trabalhadores da indústria e de muitas outras atividades, não é?

Jorjão ficou em silêncio, pois não tinha como responder e, após alguns segundos, perguntou:

— E o que você faz hoje?

— Sou marceneiro. Sonho também em ter uma oficina própria, mas, por enquanto, apenas faço montagem de armários para lojas de móveis. Mas, assim como meu pai, também não vou desistir. E tem mais: você disse, há pouco, que os pais acabavam por se entregarem à bebida, não foi?

— Eu disse.

— E seu pai também se entregou à bebida?

— Meu pai, não. Sempre foi trabalhador e honesto. Mas nem todos conseguem ser assim, como o seu e o meu pai.

— E que culpa têm? – perguntou Osório. – E por que alguns nascem em famílias ricas?

— Por isso que sua avó e sua mãe falavam de vidas passadas. Nós já vivemos muitas vidas e ainda viveremos muitas outras, experimentando todas as lições necessárias para que possamos viver sem sofrimento. A cada vida, trocamos de experiências, até aprendermos tudo. Muitas vezes, temos que viver novamente as mesmas dificuldades ou as que causamos aos outros para podermos aprender o que é sofrer pela maldade alheia.

— Você acredita mesmo nisso?

– Tenho certeza, pois acredito em Deus e sei que Ele não faria diferença entre os Seus filhos e é por isso que estou lhes dizendo que é assim que funciona.

– E por que é que você foi preso?

E Dalton, então, contou o que aconteceu, sobre o desaparecimento de um anel e que foi acusado pela dona do apartamento, mas que não foi ele e que apenas estava esperando ser chamado para prestar esclarecimento.

– E agora você se complicou, cara! Afinal de contas, para a polícia, você fugiu conosco e quem foge está assumindo a culpa – disse Osório.

– E por que Deus permitiu que essa injustiça acontecesse com você? – perguntou Jorjão, como que provocando Dalton e, ao mesmo tempo, interessado na sua resposta.

– Porque, com certeza, eu tinha de passar por essa prova, por essa experiência. Creio já ter feito algum mal parecido a alguém em outra vida.

– Mas se não se lembra, assim como nós...

– Acredito na bondade e na justiça de Deus e isso, para mim, é o que basta.

– Mas, então, diga-me: como Deus faz tudo isso? – perguntou Rafa, tentando deixar Dalton em apuros para responder.

## 15
O REENCONTRO

Nesse momento, o rapaz percebeu novamente a presença daquele senhor, que veio em seu socorro, não para convencê-lo, mas para ajudá-lo a dar uma resposta convincente a essa questão. E, aproximando-se de Dalton, inspirou-lhe mediunicamente a resposta:

– Deus criou a vida assim, Rafa. Uma vida que, por si só, é justa e ensina, utilizando-se de todo o tempo que o Espírito, que é eterno, tem à sua disposição. Ela é tão perfeita, que propicia sempre a oportunidade de o Espírito aprender. E nós todos, Espíritos, temos o livre-arbítrio, ou seja, nós escolhemos os nossos passos.

E a vida, conforme os nossos passos, as nossas resoluções, faz com que sejamos sempre atraídos a acontecimentos que, não obstante, à primeira vista, nos parecer de sofrimento, na verdade, nos dão a oportunidade de aprender. Você nunca ouviu a frase que diz que quem não aprender com o amor, acabará aprendendo com a dor?

– Minha avó e minha mãe diziam isso – disse Osório.

– Na justiça de Deus não existe o acaso. Tudo tem a sua finalidade educativa e benfeitora. Até mesmo a morte, seja ela prematura, seja ela trágica, tem a bênção do ensinamento, sempre a caminho de evoluirmos para o bem.

Por esse motivo é que este Espírito, que se encontra novamente aqui do meu lado, deseja preveni-los e tenta modificar os passos de vocês porque, se continuarem distribuindo o sofrimento, será por ele que aprenderão, seja nesta vida atual, seja na espiritual, que é a verdadeira, ou seja em novas vidas na Terra, que a Doutrina Espírita chama de encarnações.

– Minha avó e minha mãe falavam sempre sobre as encarnações – falou Osório.

– Você quer parar de falar do que sua avó e sua mãe falavam, Osório?!

– Mas é verdade, Jorjão. E elas presenciaram muitas coisas como estas que estão acontecendo agora.

– Do que você está falando?

– Desse Espírito que apareceu e que, para provar que estava realmente aqui, atirou aquela panela, por duas vezes, ao chão.

Jorjão olhou firmemente para Dalton e lhe perguntou:

– Como é esse Espírito que você está vendo? Pode descrevê-lo?

– Posso. É um senhor idoso, alto, de cabelos e bigode bem fartos e brancos. Possui também um queixo proeminente e largo. Um queixo grande. E tem mais um detalhe que ele me fala agora.

– E o que é? – perguntou Jorjão.

– Ele diz que, quando você era pequeno, ele o tratava pelo apelido de Janjão.

Nesse momento, Jorjão atirou-se ao chão, ajoelhando-se, levou as mãos ao rosto e, chorando, exclamou, com a voz entrecortada pelos soluços:

– É meu pai! É meu pai!

– Vicente, Jorjão?

– Ele disse?

– Acabou de me revelar.

– Sim – respondeu, ainda com o rosto sobre as mãos. – Vicente. O meu pai Vicente.

– Ele me pede para dizer que o abençoa e a todos nós, e que agora precisa realmente partir.

Ele apenas voltou para revelar a sua identidade a fim de que você acreditasse em tudo o que estou a lhe dizer.

– Pai... Meu pai...

– E agora, Jorjão?

– Que merda! Agora, você e meu pai me arrumaram um belo de um problema.

– Problema?

– Para ser sincero, eu sonhava em encontrar uma maneira de realizar um grande assalto e me tornar rico.

– E agora...?

– Vou ter dificuldades para continuar com essa minha ideia.

– E por quê...? – perguntou Dalton, já adivinhando o que se passava pela mente do homem.

– Por quê? Ora... Porque cada vez que eu realizar um assalto, vou me sentir sendo observado pelo velho. E eu o amava... eu o amava muito... mas até já tinha me esquecido dele. Imaginava que tivesse desaparecido para sempre. Mas ele está vivo e sofrendo por mim, pelo que eu tenho feito. Está me vendo. Talvez minha mãe também.

– E você não deve se esquecer de que, assim como o seu pai, Deus o está observando. A vida também faz isso. Sabe, Jorjão, Deus criou o Universo e a nós todos, mas a nossa vida somos nós que fazemos.

– E o que poderei fazer? Tenho contas a acertar com a justiça, sou procurado...

– Somos procurados, né, Jorjão? – afirmou Osório.

– Até gostaria de recomeçar, mas como? Ficarei preso por uns bons anos. Pode ser até que a justiça acabe esquecendo que estou preso. Você sabe que há muitos detentos que já cumpriram a sua pena e foram esquecidos?

– Já ouvi alguma coisa a respeito.

– Dizem que a justiça está cheia de processos para examinar e cumprir que até não se lembra mais dos que já cumpriram a sua pena.

— Não se houver alguém aqui do lado de fora, contando o tempo para você e lembrando-a. Eu não creio que ficarei preso e posso fazer isso por você ou por todos vocês. Talvez até, com bom comportamento, sejam libertados antes do tempo.

— Você faria isso?

— Se eu não o fizer, serei cobrado pelo seu Vicente.

— Não sei... O que vocês acham? – perguntou Jorjão aos companheiros.

— Eu me acostumei a segui-lo, Jorjão – respondeu Rafa. – Mas preciso pensar um pouco.

— Também preciso pensar, mas ainda estou com a ideia de fugir para outro Estado e assumir uma outra identidade. Não sei... Meu pai ainda está aí?

— Não, ele já foi e, diante de sua vontade de mudar de vida, alguns outros Espíritos que queriam prejudicá-los também foram levados embora.

— Por quê?

– Porque seu pai agora vai deixar você resolver o que fazer. E me pediu para ajudá-lo e também a Osório e Rafa.

– E como você poderá nos ajudar?

– O que você mais quer neste momento?

– O que mais desejo é tempo para pensar. Realmente, tudo isto que aconteceu tocou-me muito forte. Nunca poderia imaginar que meu pai continuava vivo, sei lá onde, talvez no lugar que falam que o Espírito vai quando o corpo morre.

– Era o que minha avó e minha mãe falavam – disse Osório. – Elas diziam que a verdadeira vida é a que existe depois da morte do corpo, onde seu Vicente se encontra.

– Gostaria muito de realmente mudar esta minha vida. Pela primeira vez, sinto vontade de ser como o meu pai: trabalhador e honesto. Sinceramente.

– Vocês dois também estão pensando assim? – perguntou Dalton.

– Por mim, como sempre fiz, talvez faça o que o Jorjão fizer – disse Osório.

– Eu também – concordou Rafa.

– Vocês têm família? – perguntou o rapaz. – Mulher, filhos?

– Nenhum de nós tem filhos – respondeu Jorjão. – Eu já tive uma companheira, mas ela não suportou viver comigo, sempre com medo, e foi embora. Nunca mais tive notícias. Com Osório e Rafa também aconteceu a mesma coisa. Na verdade, não temos ninguém. Nem pais.

– E onde vocês moram?

– O bêbado Gaspar permite que fiquemos por aqui, pois lhe damos algum dinheiro. Temos colchões naquele outro quarto. Este é o único lugar que a polícia desconhece, nem desconfia. Às vezes, passamos algum tempo em casa de amigos. Na maioria, de mulheres. Não temos compromisso com nada nem com ninguém. Somos do mundo e estou percebendo que até o mundo já está se cansando de nós. Mais cedo ou mais tarde, seremos presos pra valer.

# 16
## O ACORDO

— Muito bem — falou Dalton. — Então, podemos fazer o seguinte: eu não vou dizer a vocês o que fazer, mas, se confiarem em mim, posso me entregar à polícia e tentar provar a minha inocência, até porque não creio que eu vá ser preso. Afinal de contas, é minha palavra contra a daquela senhora que me acusou.

— E...? – perguntou Jorjão.

— Bem, eu prometo a vocês e a seu pai, Jorjão, que não direi ao delegado onde se encontram, e posso tentar convencê-lo de que deveria dar um tempo a vocês. Posso contar tudo o que aconteceu na mata...

— Na mata?!

— Não vou dizer que foi nesta casa, não é mesmo?

— Mas e se ele o forçar? – perguntou Rafa.

— E se ele o forçar a dizer em qual lugar ou em que mata? – foi a vez de Jorjão perguntar.

— Eu simplesmente lhe direi que fui levado deitado no piso de um outro carro, após abandonarmos a viatura, e que, quando consegui fugir, aproveitando-me de um instante de desatenção de vocês, acabei me vendo em uma rodovia.

— Rodovia?!

— Também não direi que a mata era perto da cidade.

— Você é muito inteligente, mas será que fará mesmo o que diz?

— Farei, Jorjão, principalmente pelo pobre do seu pai, já lhe disse. Mesmo porque — disse ainda —, eu não teria coragem de prejudicar o filho de um Espírito tão bom e tão forte.

Jorjão sorriu e falou:

— Eu confio em você.

— Eu também — confirmou Osório, seguido por Rafa.

— Vamos fazer assim, então?

— E para onde você vai?

— Como poderei chegar ao centro da cidade? De lá, poderei telefonar para uma moça que está com minha filhinha.

E, enfiando os dedos no pequeno bolso do lado direito da calça, retirou um cartão da médica.

— Foi a única coisa que ficou comigo. O número de seu telefone celular. Direi a ela, assim como ao delegado, que um senhor me deu uma carona até o centro da cidade e de lá lhe telefonei.

— E como fará para telefonar?

— Darei um jeito e pedirei para que ela vá me buscar. Depois, me entregarei.

— Eu poderei levá-lo até lá com uma motocicleta que temos aqui no quintal.

— Penso que será perigoso.

— Sei como fazer. Eu o levo próximo ao centro e volto por um caminho que sei ser seguro.

— Esperem, deixem-me pensar um pouco – pediu Jorjão.

E todos ficaram em silêncio, até que o homem tomou uma decisão.

— Osório e Rafa, nós trouxemos o Dalton para cá à força e penso que temos de levá-lo de volta. Nós três. O que me dizem? Ainda é cedo e podemos pedir para o Lázaro nos levar até próximo ao centro da cidade. Daqui a pouco, ele vai com a caminhonete buscar verduras. Podemos ir todos na caçamba. Levamos o Dalton e depois daremos um jeito.

– Melhor que nada – opinou Rafa –, e mais seguro do que com a motocicleta.

– E por que isso? – perguntou Dalton. – Se quiserem, posso até ir a pé, nem que leve um bom tempo. No caminho, dou um jeito de telefonar para saber sobre minha filha.

Jorjão não respondeu e perguntou aos dois:

– Topam fazer como sugeri?

– Eu topo.

– Eu também.

E assim o fizeram. Dalton não conseguia acreditar na profunda mudança que se operara naqueles três homens. Jorjão, pelo respeito que ainda dedicava ao pai, Vicente. E os outros dois, pela confiança que tinham no companheiro, sempre dispostos a seguirem os seus passos.

"Devem ter tido uma ligação muito forte no passado, numa outra vida. Deviam ser como irmãos de verdade".

Na caçamba da caminhonete, os homens se entreolhavam a todo instante como se estivessem se comunicando com o olhar, e Dalton pôde perceber um brilho diferente em seus olhos.

O trânsito já se acalmara um pouco, e, após cerca de uns vinte minutos, Dalton achou melhor descer do veículo, alegando ser mais prudente para eles.

– Ainda está um pouco distante, Dalton – disse Jorjão.

– Eu sei, mas penso que seja melhor. Seria muito arriscado para vocês seguirem em frente. Eu desço aqui.

E fez sinais para que Lázaro, o motorista, estacionasse, e todos desceram.

– Vão continuar? – perguntou Lázaro.

– Um momento só. Nós três vamos com

você – respondeu Jorjão a Lázaro e, voltando-se para Dalton, explicou-lhe:

– Vou pedir para o Lázaro nos levar até um ponto aqui perto, descendo esta rua, que é mais seguro.

E o homem estendeu a mão para se despedir.

– Até um dia, Dalton. Nunca irei me esquecer de que você trouxe meu pai até mim e de tudo o que nos falou.

– Eu não trouxe o seu pai até você, Jorjão. Ele estava sempre com você. Eu apenas consegui transmitir o que ele queria lhe dizer.

– Mesmo assim, eu lhe serei eternamente grato.

– Vocês podem confiar em mim.

– Eu confio, sim, Dalton – disse Osório, também se despedindo, assim como Rafa que, não se controlando, abraçou o rapaz.

– Até um dia – falou Dalton.

– Até um dia – responderam.

E partiram. Dalton continuou a caminhar até encontrar um telefone público na esquina e, tirando o cartão de visita de Magda, tentou lhe fazer uma ligação a cobrar, pois não tinha nenhum dinheiro consigo. Mas, infelizmente, o telefone público estava danificado.

"Vou caminhar até a delegacia. Se encontrar mais telefones pelo caminho, vou tentar falar com ela. Com certeza, encontrarei algum funcionando" – pensou.

A DELEGACIA AINDA ESTAVA bem longe, e Dalton continuou por mais uns vinte minutos até avistar outro telefone público, mas, novamente, também não se encontrava em condições de uso.

Andou por mais um bom tempo até que ouviu alguém chamar por ele.

– Dalton, ô Dalton!

Virou-se e constatou que o chamado provinha do interior de uma lanchonete. Era Rodrigues, o dono do estabelecimento. Não se lembrava do nome daquele senhor, mas recordara-se de ter montado um guarda-roupa em sua casa, nos fundos do estabelecimento.

– Boa noite, senhor – respondeu. – E o guarda-roupa? Está contente com ele?

– Muito satisfeito, Dalton. Mas entre e venha tomar um café. Por conta da casa.

– Muito obrigado, senhor.

– Pode me chamar de Rodrigues.

– Muito obrigado, Rodrigues.

– Aceita o cafezinho?

– Aceito, sim.

E o homem lhe preparou uma xícara e a serviu no balcão.

– Rodrigues, muito grato pelo café. Estava com vontade de tomar um, mas o que estou mesmo precisando é dar um telefonema e estou sem a minha carteira. O senhor poderia permitir que eu usasse o seu telefone e, qualquer dia destes, quando novamente passasse por aqui, eu lhe pagasse?

– Pode usar o meu telefone o quanto quiser, Dalton, e não precisa me pagar nada. Termine o seu café e venha comigo. Vou levá-lo até o meu pequeno escritório, aqui atrás, e você poderá falar mais à vontade.

E assim foi feito. Após o café, Rodrigues o levou até o cômodo e o fez sentar-se à sua mesa e saiu, deixando-o a sós.

# 17
## O TELEFONEMA

Narinha acabara de adormecer e Magda já estava se trocando para deitar, quando seu telefone celular tocou.

– Alô?

– Doutora Magda?

– Sim, ela mesma.

– Aqui quem fala é Dalton, pai da Narinha.

– Dalton?! Onde você está?

– Perdoe-me ter desaparecido por tanto tempo. Narinha está com você? Estou muito preocupado.

– Ela está aqui do meu lado, em minha casa. Está dormindo. Mas onde você está?

– É uma história complicada, doutora.

– Pode me chamar de Magda. Mas diga-me: aqueles bandidos o libertaram ou foi a polícia que os encontrou?

– Como você sabe a respeito do que me aconteceu? – perguntou o rapaz, surpreso, já que não sabia da ligação da moça com dona Claudete.

– Por favor, Dalton, responda o que lhe estou perguntando.

– Sim, eles me libertaram, mas como você ficou sabendo?

– Agora não importa, Dalton. Também é uma história complicada.

– Narinha está bem?

– Está muito bem. Já lhe disse que ela está dormindo aqui em minha casa. Mas, pelo amor de Deus, onde você está?! – perguntou mais uma vez, com voz baixa para não acordar a menina, mas denotando muita ansiedade nas palavras.

– Estou telefonando de um bar que pertence a um homem que me conhece.

– Dê-me o endereço que eu vou buscá-lo.

– Tenho que ir até a delegacia. Você até pode não acreditar, mas eu estava preso, injustamente. E daí aconteceu que fui obrigado a acompanhar uns detentos numa fuga.

– Já lhe disse que estou sabendo de tudo, Dalton. Agora, pare de falar e me passe o endereço de onde você se encontra, antes que desapareça novamente.

– Não vou mais desaparecer, não, mas tenho que ir até a delegacia...

– Passe-me o endereço, Dalton, por favor.

Não há mais acusação contra você. Foi tudo um grande engano. O anel apareceu.

– Mas como você está sabendo disso?

Nesse momento, Magda não se conteve e, dirigindo-se até a sacada do quarto e fechando a porta de vidro para não acordar a menina, berrou com todas as forças, a plenos pulmões:

– Você quer fazer o favor de parar de me fazer perguntas e me passar o endereço de onde está, seu Dalton "não sei das quantas"?!!!

E Dalton, assustado com a reação da moça e sem mais perguntas, informou-lhe onde se encontrava, prometendo esperá-la na calçada.

Magda, então, acordou seu pai, pedindo-lhe para que telefonasse ao Dr. Lacerda, informando-o de que ela estava indo buscar Dalton.

– Mas você vai sozinha, filha? Vou com você.

– Não posso esperar o senhor. E não se esqueça de telefonar para o delegado.

E sem mais nenhum comentário, disparou porta afora do apartamento.

Já haviam se passado algumas horas, desde que Jorjão e os demais deixaram Dalton e seguiram o seu caminho.

E quando, finalmente, estacionou o carro no meio-fio da calçada, aos quarenta minutos do sábado, Magda desceu correndo e, instintivamente, abraçou Dalton, como se o conhecesse há tempos. Na verdade, um vínculo forte havia acabado de nascer naquelas poucas horas, tendo em vista o profundo envolvimento com Narinha e também pelo fato da acusação sem procedência feita por sua mãe, dona Claudete.

— Você está bem, Dalton?!

— Estou bem, sim, mas não entendo como você diz saber de tudo o que me aconteceu. E Narinha? Também está sabendo?

— Não, Dalton. Dissemos a ela que você

precisou viajar e que me pediu para tomar conta dela. Mas é uma história muito longa. Venha, vou levá-lo até meu apartamento para ver sua filha. No caminho, tentarei lhe relatar, sucintamente, tudo o que aconteceu nessas últimas horas, desde que você foi levado à delegacia.

E, durante o trajeto, Magda colocou o rapaz a par de tudo, falou de sua mãe e do desespero que a mesma sentiu por tê-lo acusado injustamente, já que o anel se encontrava com o seu pai. Falou também sobre a amizade que unia sua família ao delegado de polícia e até que já pedira ao seu pai para avisá-lo de que ele já havia sido liberado pelos bandidos. Ainda o informou que estava de posse de seus pertences e que a sua maleta com ferramentas se encontrava com o delegado.

— Peço-lhe desculpas pelo ocorrido, Dalton, pois minha mãe foi inconsequente. Você pode perdoá-la?

— Não tenho nada a perdoar, Magda. Sua mãe agiu como deveria, afinal de contas, tudo apontava para mim como autor do roubo. Quem nunca se enganou, pelo menos uma vez na vida, não?

— Mas você correu o risco de morrer.

— Nem foi tanto.

— Teve sorte de ter sido libertado.

— Foi o amor entre pai e filho que me libertou.

— Pai e filho?

Dalton se limitou a sorrir.

— Essa também é uma longa história, Magda. Mas o que mais impressiona é a grande coincidência de você ser filha de dona Claudete.

— É verdade.

— E Narinha? Deu-lhe muito trabalho?

— Absolutamente. É uma menina encantadora e conseguiu me conquistar. Você a tem educado muito bem.

— O mérito maior é dela. Pode acreditar.

E finalmente chegaram ao edifício. Dona Claudete, seu Antônio e Narinha já se encontravam acordados, aguardando a chegada da filha com Dalton.

A menina não se continha de tanta alegria, muito ansiosa, enquanto seu Antônio se encontrava um tanto preocupado pelo estado da esposa, dona Claudete que, nervosamente, não conseguia parar de caminhar pela casa. Sentia-se culpada pelo que causara ao rapaz e não sabia qual seria a reação dele quando ali chegasse.

## 18
## FINAL

— Narinha!

— Papai! — gritou a garotinha, ao mesmo tempo em que saltava no colo de Dalton, beijando-o repetidas vezes e disparando a falar: — Estava morrendo de saudades e com muito medo porque não sabia se estavam escondendo de mim o que havia acontecido! Eu ouvi tiros e vi o senhor no carro da polícia e outros carros atrás!

– Acalme-se, filha. Está tudo bem com o papai. Pode ficar tranquila. Deixe-me agora cumprimentar os pais da doutora Magda – disse, colocando-a no chão.

– Somente Magda – consertou a moça.

– Dona Claudete, preciso terminar o serviço naquele armário.

A mulher, um tanto constrangida, apenas lhe disse:

– Perdoe-me, Dalton. Estou muito arrependida pelo que lhe causei, apesar de que eu não o conhecia... E as evidências... Você está bem, meu rapaz?

– Estou muito bem, sim. E a senhora não tem por que se desculpar.

– Mas nós lhe devemos desculpas, sim, Dalton – disse o marido de dona Claudete –, pois nem sempre as evidências são o melhor norte quando se trata de algo tão grave. E você está sendo um homem muito compreensivo e bom. Eu sou Antônio, marido de Claudete.

Os dois se cumprimentaram e o pai de Magda o abraçou efusivamente.

— Ainda devo insistir: perdoe-nos, Dalton.

— Vamos esquecer tudo isso, senhor.

A campainha tocou e Magda foi abrir a porta.

— Entre, Doutor Lacerda. Dalton está aqui.

E o delegado entrou na sala, trazendo consigo a maleta de ferramentas do marceneiro.

— O senhor já pode terminar o conserto do armário — brincou o delegado. — Também lhe devo meus pedidos de desculpas.

— Desculpas por quê? O senhor somente estava realizando o seu trabalho, doutor.

— É verdade, mas eu queria assustá-lo e ao pobre daquele joalheiro para ver se conseguia uma confissão rápida. Também já me desculpei com ele e até lhe ofereci os préstimos de um amigo psicólogo, pois estava muito atemorizado, chocado mesmo com tudo o que aconteceu. Mas não quis muita conversa, dizendo que já se encontrava bem. Pobre homem...

— Mas vamos nos sentar — convidou o pai de Magda. — Até porque gostaríamos de saber como conseguiu ser libertado, Dalton.

— Eu já estou sabendo de tudo. Uma história muito estranha, não, Dalton? Um Espírito... Pai do Jorjão... Panela voando na cozinha...

— Como o senhor sabe de tudo isso? — perguntou o rapaz.

— Jorjão acabou de se entregar há cerca de uma hora e me contou tudo. Sobre os outros dois, sei que Jorjão nada dirá.

— Entregou-se?!

— Isso mesmo. Disse que desejava ajustar suas contas com a sociedade e iniciar uma vida nova. O Jorjão disse que não adiantaria esperar e que, para ele, **o amanhã começa hoje**. E tudo graças a você.

— Não estou entendendo — falou Magda.

— Poderia nos contar com as suas palavras, Dalton? — pediu o delegado. — Apenas para confirmar a história daqueles três. E pode narrar à vontade, porque tenho algum conhecimento da Doutrina Espírita. Tenho lido a respeito, principalmente as obras de Allan Kardec e os relatos do Espírito André Luiz, psicografados pelo médium Chico Xavier.

E Dalton, então, narrou tudo o que acontecera naquela noite, deixando dona Claudete e seu Antônio bastante impressionados com toda aquela história. Uma história em que somente poderiam acreditar, haja vista ter sido confirmada pelo delegado, baseando-se no depoimento de Jorjão e dos outros.

E Narinha, inteligente e perspicaz, disse:

— Papai, o senhor teve um desabrochar de sua mediunidade, não?

— Desabrochar, filha? Onde aprendeu essa palavra?

— Aprendi com a professora Elza, que dá aula de religião.

— Pois foi isso mesmo, filha. Ela desabrochou,

como você disse, num momento muito importante, não só para mim, como para aqueles homens.

– Bem, agora eu tenho de ir – disse o delegado, despedindo-se de todos e saindo, acompanhado pelo senhor Antônio.

– E nós também, não é, filha? – perguntou o rapaz.

– Estava tão bom na cama da doutora Magda, "hoje, minha mamãe". Ah, eu estava sonhando com mamãe quando fui acordada, quer dizer, estava com ela.

– E você se lembra do que sonhou, filha?

– Mais ou menos. Lembro-me de que ela estava falando alguma coisa sobre a doutora Magda e estava muito feliz, sorrindo sempre e me abraçando e beijando a todo instante.

– Você quer dormir aqui esta noite, Narinha? – perguntou Magda. – Já é sábado e poderemos dormir até um pouco mais tarde.

– Posso, papai?

– Bem... se você quiser passar a noite aqui,

pode ficar. Eu vou tomar um taxi e ir para casa. Preciso tomar um bom banho e dormir também.

– Não quer dormir aqui, meu rapaz? – perguntou seu Antônio. – Temos mais quartos.

– Muito obrigado, senhor. Já estou imensamente agradecido pelo fato de terem acolhido Narinha, e prefiro ir para minha casa. Amanhã telefonarei para saber a que horas poderei vir buscá-la.

– Não será necessário, Dalton – resolveu a médica. – Se não se importa, amanhã à tarde, terei de ir até a instituição entregar algumas peças de roupa que estou doando e posso levar Narinha para você. Antes, eu e ela poderemos almoçar juntas?

– Para mim, tudo bem, desde que você o queira.

– Pois eu quero muito.

– Então, até amanhã, filha. E comporte-se, hein?

– Pode ficar sossegado, papai. Não darei nenhum trabalho.

– Uma boa noite para todos.

— Boa noite, meu bom rapaz. Você ainda tem pais vivos?

— Não, dona Claudete. Eles já se foram.

— Pois tenha em mim uma mãe para você.

— Fico-lhe muito agradecido e não me esquecerei.

— Eu o acompanho até lá embaixo – prontificou-se Magda. – Lá tem um ponto de taxi. Ah, ia me esquecendo. Aqui estão os seus documentos – disse ainda, entregando-lhe um envelope. – Você tem dinheiro suficiente para o taxista?

— Tenho.

— Por favor, dê uma verificada em sua carteira.

— Está tudo aqui, sim – confirmou, após retirar a carteira do envelope e conferir as cédulas.

Antes de subir no taxi, Magda ainda lhe disse:

— Sabe, Dalton, eu sempre procuro falar com

sinceridade e preciso lhe dizer que gostaria de conhecer melhor você e Narinha. Também quero lhe pedir desculpas por ter sido grosseira ao telefone, mas é que eu estava muito nervosa.

E, baixando os olhos, um pouco envergonhada, continuou:

– E pelo fato de eu tê-lo abraçado daquela maneira, quando fui apanhá-lo, mas é que foi um alívio vê-lo são e salvo.

Dalton sorriu e disse:

– Não precisa se desculpar por nada e, com respeito ao abraço, confesso que estava precisando muito. Até parecia que nos conhecíamos há tempos, não?

– É... Mas, na verdade, foi só um dia e uma noite.

– Um dia e uma noite... – repetiu Dalton

– Tempo suficiente para grandes transformações da alma, não?

FIM

No ano de 1963, **FRANCISCO CÂNDIDO XAVIER** ofereceu, a um grupo de voluntários, o entusiasmo e a tarefa de fundarem um Anuário Espírita. Nascia, então, o Instituto de Difusão Espírita - IDE, cujo nome e sigla foram também sugeridos por ele.

A partir daí, muitos títulos foram sendo editados e o Instituto de Difusão Espírita, entidade assistencial, sem fins lucrativos, mantém-se fiel à sua finalidade de divulgar a Doutrina Espírita através da IDE Editora, tendo como foco principal as Obras Básicas da Codificação, sempre a preços populares, além dos seus mais de 300 títulos em português e espanhol, muitos psicografados por Chico Xavier

O Instituto de Difusão Espírita conta também com outras frentes de trabalho, voltadas à assistência e promoção social, como o Albergue Noturno, evangelização, alfabetização, orientação para mães e gestantes, oficinas de enxovais para recém-nascidos, entrega de leite em pó, vestuário e cestas básicas, assistência médica, farmacêutica, odontológica, tudo gratuitamente.

Este e outros livros da **IDE Editora** subsidiam a manutenção do baixíssimo preço das **Obras Básicas, de Allan Kardec,** mais notadamente, **"O Evangelho Segundo o Espiritismo"**, edição econômica.

# Conheça mais sobre a Doutrina Espírita através das obras de **Allan Kardec**

www.ideeditora.com.br

*coleção temática*

# UM DIA E UMA NOITE

## WILSON FRUNGILO JR.

*Esta coleção contém histórias independentes e personagens distintos, não possuindo sequência entre elas.*

A VIDA TEM O PODER DE NOS SERVIR COM SEUS DIAS, COM SEU PRECIOSO TEMPO, E MUITA COISA PODE ACONTECER EM POUCAS HORAS.

## TÍTULOS DA COLEÇÃO

O Amanhã Começa Hoje •

Madame Sorayde •

A Jovem Misteriosa •

O Grande Truque •

Uma Casa Bem-Assombrada •

facebook.com/livroUmaDeclaracaodeAmor

✳✳✳

## ideeditora.com.br

✳✳✳

Acesse e cadastre-se para receber
informações sobre nossos lançamentos.

twitter.com/ideeditora
facebook.com/ide.editora
editorial@ideeditora.com.br

---

IDE Editora é apenas um nome fantasia utilizado pelo INSTITUTO DE DIFUSÃO ESPÍRITA, entidade sem fins lucrativos, que promove extenso programa de assistência social, e que detém os direitos autorais desta obra.